OBTENIR DE NOUVEAUX
CLIENTS

Tous droits réservés.

Ce rapport est conçu pour fournir des données précises et solides sur le point et la question traités. La production est vendue avec la possibilité que le distributeur ne soit pas tenu de rendre la comptabilité, formellement autorisée, ou autre chose, des administrations qualifiées. Au cas où l'exhortation serait importante, légale ou compétente, il faudrait demander à une personne qui a répété l'appel.

D'une déclaration de principes qui a été reconnue et approuvée de manière similaire par un comité de l'American Bar Association et un comité des éditeurs et des associations.

Il n'est pas du tout légal de reproduire, copier ou transmettre tout élément de ce rapport, que ce soit par des moyens électroniques ou sur papier. L'enregistrement de cette distribution est soigneusement interdit et toute capacité de ce rapport n'est pas autorisée, sauf avec l'autorisation écrite du distributeur. Tous droits détenus.

Les données qui y figurent sont exprimées, pour être honnête et prévisible, en ce que tout risque, en ce qui concerne la distraction ou autre, par toute utilisation ou tout mauvais traitement de toute approche, procédure ou orientation contenue à l'intérieur est l'obligation singulière et articulée du bénéficiaire utilisateur. En aucun cas, une obligation ou une faute légale ne pourra être retenue contre le distributeur pour toute réparation, préjudice ou malheur lié à l'argent en raison des données contenues dans le présent document, que ce soit de manière directe ou implicite.

Certains créateurs revendiquent tous les droits d'auteur qui ne sont pas détenus par le distributeur.

Les données qui y figurent sont proposées à des fins exclusivement pédagogiques et sont donc exhaustives. L'introduction des données se fait sans contrat ni aucune sorte de confirmation d'assurance.

Les marques utilisées sont sans consentement, et la distribution de la marque se fait sans le consentement ou le soutien du propriétaire de la marque. Toutes les marques de commerce et de fabrique figurant dans ce livre ont pour seul but d'expliquer et sont simplement détenues par leurs propriétaires, et non associées à ce document.

Table des matières

INTRODUCTION

En fonction également de quelques clients, vous pouvez être susceptible de perdre des clients - en perdre un seul peut suggérer une situation de trésorerie. En prenant régulièrement l'initiative de créer une toute nouvelle organisation, vous minimiserez votre risque d'échec et développerez votre entreprise de manière durable.

J'ai remarqué récemment que tout le monde parle de rendre une entreprise et son marketing "centrés sur le client". En fait, beaucoup de marques ne le font pas vraiment.

C'est une grande chance pour une marque de surpasser ses concurrents et d'atteindre des niveaux de réussite toujours plus élevés.

81 % des entreprises qui offrent une expérience client exceptionnelle et qui satisfont les besoins de leurs clients font beaucoup mieux que leurs concurrents, selon le rapport 2009 "Customer

Experience Maturity Monitor" du groupe Peppers & Rogers.

Le propriétaire d'une entreprise locale intelligente comprend que chaque remise de connexion du consommateur, qu'elle soit à un concurrent ou autre, lui coûte en moyenne 289 dollars par an.

Et si vous pensez que vous pouvez simplement compenser ce coût avec de nouveaux clients, détrompez-vous. En fin de compte, il en coûte six à sept fois plus pour obtenir un tout nouveau client que pour conserver un client existant.

Une entreprise ne peut jamais trop se concentrer sur ses clients. Le client est la structure du succès de toute entreprise. L'un des principaux objectifs de toute technique de publicité et de marketing devrait être de reconnaître et de satisfaire les exigences du client. Penser à l'importance du consommateur dans toutes les phases du processus publicitaire aide votre entreprise à s'assurer de la satisfaction du consommateur et à augmenter son objectif à long terme de fidélisation.

Les entreprises veulent rester innovantes et également appropriées et considèrent souvent comme une motivation diverses autres entreprises à succès, les modes chaudes du secteur ou les articles brillants flambant neufs.

Un élément essentiel de la croissance est à la portée de tous les services, c'est-à-dire de leurs clients.

Oui, ce sont les consommateurs qui ont la capacité d'identifier la longévité de votre entreprise ainsi que sa progression.

"Il faut commencer par l'expérience du consommateur et travailler à l'inverse de la technologie", a mentionné Steve Jobs de manière significative. "Vous ne pouvez pas commencer par la technologie et essayer également d'identifier où vous êtes le plus susceptible de l'offrir".

Bien que la pertinence d'être une entreprise centrée sur le client ne soit pas une idée nouvelle, les bonnes actions à entreprendre pour mettre l'accent sur le service à la clientèle sont encore floues.

Vous devez d'abord comprendre les besoins de votre client.

IDENTIFIER LES BESOINS DES CLIENTS

Si je vous demandais : "Quels sont les besoins de vos clients", pourriez-vous répondre rapidement et clairement ? Identifier les besoins des clients est essentiel si vous avez l'intention de créer des offres qu'ils vont engloutir - car si vous ne commercialisez pas quelque chose dont vos clients ont besoin, le mieux est de les amener à l'acheter.

C'est là que beaucoup de conseils aux entreprises échouent : il ne suffit pas de savoir ce que vous aimez faire et ce que vous faites de mieux, puis de dire à la personne que vous commercialisez.

Dans ma collaboration avec les clients, je ne commercialise pas l'idée de découvrir votre véritable intérêt et d'espérer ensuite qu'il y ait un marché pour cela. Je veux que mes clients recherchent des opportunités de service qui les récompenseront certainement tant sur le plan personnel que financier.

Oui, vous devez faire preuve de résistance sur le marché et jouer avec cette résistance, mais vous devez également développer les offres dont les consommateurs ont besoin.

Vous comprenez probablement qu'il ne suffit pas d'avoir quelques (ou plusieurs) clients si vous êtes en affaires depuis un certain temps. Vous devez cultiver des liens avec vos clients et continuer à vous développer dans le cadre de vos relations avec eux en permanence.

En tant que propriétaire d'une entreprise locale, vous devez constamment vous efforcer de développer votre entreprise et de réfléchir à la manière de surpasser ce que vous avez déjà accompli avec votre organisation. Vous ne pouvez pas vous permettre de continuer à être stationnaire. Si vous ne vous développez pas dans les affaires, vous décédez.

Combien de fois vous êtes-vous retrouvé à essayer de comprendre vos clients et à entrer dans leur tête ? Cela se produit probablement tous les jours si vous êtes propriétaire d'une entreprise.

Pour être un entrepreneur efficace, il faut être un excellent vendeur. Être un vendeur fantastique signifie être capable de comprendre réellement ses clients et ses clients potentiels.

Le problème

Le problème, c'est qu'il est difficile de comprendre le point de vue de votre client. Parfois, il faut beaucoup de temps avant de percer la surface et de reconnaître les besoins réels de vos consommateurs. Ce n'est pas toujours simple.

Pour rendre les choses encore plus exigeantes, il y a aussi le fait que vous n'êtes pas susceptible de transformer ce prospect en client si vous ne pouvez pas l'obtenir pour qu'il s'ouvre à vous. Si vous avez affaire à un client existant, il est peu probable que vous conserviez son organisation si vous ne reconnaissez pas ses besoins continus.

Cela peut être frustrant.

La raison de cette difficulté tient au fait que les individus ne sont pas toujours faciles à trouver. Il faut beaucoup d'efforts pour comprendre le puzzle. Chaque possibilité ressemble à un Rubik's Cube privé que vous devez résoudre. D'accord, c'est un exemple insatisfaisant, mais il est tout de même logique !

Il est difficile de se mettre à la place de cette possibilité. C'est pourquoi de nombreux entrepreneurs n'ont pas encore appris à le faire.

Le résultat ? Quand il est temps de faire leur service, ils volent à l'aveuglette.

Comme ils ne peuvent pas établir quels sont les véritables besoins de leurs consommateurs, ils ne savent pas quel est le remède idéal. Ils sont dans une position où ils pensent au produit ou au service à présenter. C'est un dilemme difficile à résoudre.

Il est essentiel de comprendre les clients pour fournir un bon service. Pour offrir une grande attention aux consommateurs, vous devez fournir ce que vous garantissez. Le traitement fantastique des consommateurs consiste à comprendre vos clients si bien que vous puissiez anticiper leurs besoins et dépasser leurs hypothèses.

Pour bien comprendre vos clients, vous devez être à leur écoute chaque fois que vous les touchez. Les avantages potentiels sont merveilleux : vous pouvez renforcer la fidélité des consommateurs et générer un tout nouveau service grâce à une recommandation positive.

Dans cette situation, il est pratiquement impossible de faire un discours de vente efficace. Parce que vous ne comprenez pas quels sont les véritables besoins de cette possibilité, vous ne saurez pas exactement comment offrir la meilleure option.

La bonne nouvelle, c'est qu'il existe des moyens de mieux comprendre vos clients. Il y a des points que vous pouvez faire pour que vos clients s'ouvrent à vous, vous offrent encore plus de détails et prennent contact avec vous. Si vous exécutez les conseils de ce billet, vous comprendrez comment mieux comprendre vos prospects et gagner encore plus de ventes.

Une écoute énergique

Soyez honnête. A quel point la réalité vous cause-t-elle des ennuis si vous ne conservez pas les informations que votre client vous donne actuellement ?

Souvent, le problème ne réside pas dans notre incapacité à obtenir la possibilité de parler, mais dans notre incapacité à prêter une attention proactive à ce que dit le prospect.

Il est difficile d'écouter avec énergie. Il faut beaucoup de temps aux persuadeurs efficaces pour comprendre cette compétence. Une fois que vous serez devenu un excellent auditeur, vous obtiendrez certainement les informations dont vous avez besoin beaucoup plus facilement.

Vous trouverez ci-dessous quelques conseils pour une écoute active :

Maintenez un contact visuel. Ne vous laissez pas distraire de vos possibilités si l'interaction se fait au niveau d'un individu. Vous devez vous concentrer sur elle et sur elle seule.

N'écoutez pas pour répondre, faites attention à comprendre. Bien souvent, nous nous découvrons déjà en train de concevoir notre joint en réaction à ce que prétend la perspective. Les méthodes d'écoute active suspendent tout type de réaction jusqu'à ce que vous ayez tous les détails nécessaires.

Essayez d'imaginer ce que dit le prospect. Parfois, le fait d'envisager les déclarations du client dans votre esprit peut faciliter leur compréhension et leur conservation dans le futur.

Écoutez toutes les opportunités, pas seulement celles qui vous permettent de présenter votre produit. Même si votre client ne dit pas quelque chose qui vous donne une chance de vendre, il peut vous donner l'occasion de faire des suggestions et de vous aider. Cela vous permet de vous développer davantage en tant qu'autorité qualifiée psychologique de votre possibilité.

Mettez-vous à la place de vos clients

Pour comprendre les besoins de vos clients, vous devez vous mettre à leur place. Jetez un coup d'œil aux points de contact de vos clients avec votre entreprise. Il s'agit de conférences et de visites, d'appels téléphoniques, de correspondance et aussi de distribution. Vos installations ont-elles l'air délabrées, votre réceptionniste est-il hostile ou vos téléphones sonnent-ils aussi bien qu'une sonnerie sans qu'on y réponde ? Chacun de ces points peut donner à un client le sentiment d'être vraiment déçu.

La plainte la plus courante des clients est maintenue en attente. Si vous êtes lent à répondre aux appels téléphoniques ou à honorer les commandes, vous risquez de perdre des clients. Par-dessus tout, les consommateurs veulent que vous leur fournissiez ce que vous avez promis et que vous dépassiez leurs attentes.

En tant que petite entreprise, vous pouvez utiliser une solution individuelle. Vous aurez égayé leur journée si vous gardez à l'esprit le nom d'un consommateur et si vous vous souvenez de votre dernière conversation avec lui. Ils ne manqueront pas d'informer leurs amis de la solution fantastique que vous proposez.

La reconnaissance de vos clients et l'amélioration de votre solution doivent être une priorité absolue dans toute votre entreprise. Chaque personne, du bureau de travail à l'avant jusqu'au personnel de livraison, doit s'efforcer de dépasser les hypothèses des clients.

Utiliser les données pour comprendre vos consommateurs.

Votre base de données ou votre système de gestion du partenariat avec les clients (CRM) contient des informations utiles sur vos consommateurs qui vous aideront à reconnaître leurs demandes.

Enquêtez sur les données que vous détenez sur vos clients, cela peut vous apprendre beaucoup de choses. Cherchez des modèles afin de voir quand vos clients passent normalement des commandes. Vous pouvez également utiliser ces informations pour analyser votre efficacité. Vérifiez la rapidité avec laquelle vous répondez aux commandes ou fournissez les marchandises.

Les systèmes de gestion de la relation client sont plus sophistiqués qu'un simple bulletin d'information. Parce qu'ils détiennent des informations sur les pratiques et les préférences des clients, ils peuvent améliorer la satisfaction et la fidélisation des clients. Ils peuvent vous aider à mieux déterminer les besoins des clients, vous permettant de faire des ventes croisées et des ventes incitatives, ce qui augmente vos revenus.

Demandez à vos consommateurs ce qu'ils supposent

Réalisez une étude de satisfaction complète des consommateurs et vous ferez en sorte que vos clients se sentent vraiment appréciés. Vous obtiendrez certainement aussi des informations précieuses. Toutefois, ne demandez pas de réponse si vous n'êtes pas prêt à faire des changements. Lorsque vous apportez des améliorations, informez vos clients de ce que vous avez réellement fait à la suite de leurs réponses.

Des études de clientèle bien conçues peuvent vous indiquer des points que vous ne connaissez peut-être pas, y compris des aspects humains tels que les pratiques d'équipe. Si vous ne consultez pas vos clients de manière proactive, vous risquez de ne jamais découvrir si vous vous trompez.

Comme pour les demandes de commentaires, mettez en place un programme de contact avec les clients afin de garantir que vous restiez en contact avec vos clients. Une bonne stratégie d'appel à la clientèle vous permettra de prêter attention à vos clients et de leur en dire beaucoup plus sur ce que vous leur offrez.

Établir un rapport

Vous devez faire la bévue d'obtenir le droit jusqu'à l'organisation ainsi que d'aller directement à la vente si vous voulez vous faire rejeter. Le prospect n'est pas capable de s'identifier à vous en tant que personne lorsque vous faites cette erreur.

Vous n'êtes qu'une personne supplémentaire intéressée qui tente d'obtenir son argent.

Le résultat ? Et pourtant, une autre vente perdue.

Si vous cherchez à établir un partenariat gratifiant à long terme, il ne peut s'agir que d'organisation. Pour dire la vérité, n'arrêtez jamais de créer des liens.

Pourquoi ?

En raison du fait que les individus achètent auprès de ceux qu'ils comprennent, comme, ainsi qu'un fonds fiduciaire. Comment exactement peuvent-ils vous comprendre, vous aimer ou dépendre de vous s'ils ne vous reconnaissent pas aussi ? Baissez votre garde. Ne restez pas si pressé de discuter de la beauté de vos objets. Vous pourrez y accéder plus tard, je vous le garantis.

Repérez les lieux communs avec votre possibilité. A moins que vous ne veniez d'une autre planète, il n'y aura pas un seul prospect qui n'aura pas quelque chose de semblable à vous.

Peut-être qu'il s'agit exactement des mêmes groupes sportifs. Peut-être qu'ils font attention aux mêmes types de musique que vous. Ils peuvent fréquenter exactement les mêmes établissements de restauration que vous. Quoi qu'il en soit, utilisez-le à votre avantage.

Trouvez les domaines dans lesquels vous et votre prospect avez un lien, ainsi qu'elle se sentira plus à l'aise avec vous. Lorsque vous commencerez à poser des questions, elle sera certainement beaucoup plus encline à s'ouvrir à vous.

Humour d'utilisation

L'humour n'est que l'un des outils les plus efficaces lorsqu'il s'agit de vous donner la possibilité de baisser sa garde. Non seulement elle vous permet de donner le ton pour le reste de la communication, mais les émotions positives qu'elle fait naître vous captiveront rapidement.

Dans sa publication "Talks Like TED : 9 Public Speaking Secrets of the World's Top Minds", l'auteur Carmine Gallo souligne à quel point l'humour est crucial lorsqu'on tente de présenter un concept. Dans sa publication, il examine comment l'humour vous rend beaucoup plus sympathique, ce qui implique que votre prospect sera plus susceptible de vous rendre service.

Je comprends ce que vous croyez. Vous croyez "pourtant je ne suis pas amusant !

Peu importe. Vous n'avez pas besoin d'être Kevin Hart pour utiliser l'esprit à votre avantage.

Il existe plusieurs autres moyens de faire rire votre prospect. Les possibilités sont, si vous avez des histoires que vous supposez amusantes, votre possibilité va peut-être les croire amusantes.

Y a-t-il eu quelque chose d'amusant lorsque vous avez commencé à développer votre produit ? Il est possible qu'un client ait fait quelque chose de drôle en faisant des affaires avec votre entreprise. Il vaut la peine d'être utilisé s'il peut faire rire.

Gardez la bouche fermée

Lorsque vous interagissez avec votre prospect, il est vraiment vital de garder à l'esprit qu'il s'agit d'eux et non de vous. C'est votre prospect qui devrait faire la plus grande partie du discours.

Vous serez attiré par l'idée d'interrompre et de commencer à présenter votre service pendant que le consommateur discute. A ce stade, il n'est pas temps de revoir votre article.

Le seul moment où vous devez prendre la parole est lorsque vous avez besoin de clarifier quelque chose que le prospect déclare. Il est normal de mettre en d'autres termes les déclarations de la possibilité afin de comprendre ce que le consommateur réclame.

Quelle est leur vision ?

L'une des meilleures méthodes pour comprendre vos clients est de connaître leur vision. Essayez de savoir où ils souhaitent être et ce qu'ils veulent accomplir.

S'il s'agit d'un client B2B, où essaient-ils d'emmener leur organisation ? Quels objectifs ont-ils fixés pour leur développement ?

Découvrez ce qu'ils peuvent souhaiter réaliser avec votre produit ou votre solution s'il s'agit d'un consommateur B2C. Quels sont leurs objectifs.

Il est simple de se concentrer uniquement sur ce que le client peut exiger dans le présent. Vous devez découvrir où ils veulent être et ce qui les empêche d'y arriver.

Trouvez leur "pourquoi".

En tant qu'entrepreneurs, nous voulons toujours nous concentrer sur notre objectif. Après tout, construire une marque efficace signifie savoir quel est l'objectif de votre entreprise.

Si vous essayez de mieux comprendre votre client, pourquoi ne pas déterminer sa fonction ? Que signifient ces termes par rapport à la consommation passée de vos produits et services ? Cela peut sembler pertinent pour les entreprises clientes, mais les consommateurs peuvent également en profiter.

Quelle est la raison de leur intérêt pour votre objet ? Quel mode de vie votre service ou produit promeut-il ?

Un bon exemple en est la société Beardbrand. Cette entreprise basée à Washington propose des produits de toilettage pour les hommes. L'entreprise fait la publicité du style de vie "Urban Beardsman".

Leurs clients achètent donc des articles pour soigner leur barbe, mais il y a encore plus derrière tout ça. C'est parce qu'ils s'intègrent dans une société qu'ils y adhèrent. Beardbrand a en fait réussi à exploiter cette culture.

Il est essentiel d'identifier le "pourquoi" de votre client pour le comprendre. C'est aussi l'astuce pour pouvoir régler leurs problèmes et les aider à obtenir ce qu'ils veulent.

Profilage des clients : Connaître les exigences de vos clients avant qu'ils ne le fassent

Avoir une compréhension détaillée de vos clients ne peut pas être une information vitale supplémentaire sur le chemin du succès. Le véritable secret est de réussir le profilage des consommateurs : comprendre les exigences et les désirs de vos clients avant de les réaliser eux-mêmes. Cette connaissance intime des exigences de votre client est essentielle pour créer un voyage axé sur le client qui dépasse les restrictions normales de l'accord d'achat-vente et qui produit une relation et une culture qui sont à la base d'un succès à long terme.

Découvrez les demandes de vos clients

Tout homme d'affaires digne de ce nom est fier de savoir tout ce qu'il sait sur ses clients et sur leurs besoins actuels bien avant de se lancer dans la conférence initiale ou de se lancer dans un appel téléphonique. Mettez-vous à leur place et essayez aussi d'imaginer diverses circonstances et de voir exactement comment les variations cachées du marché peuvent avoir un impact sur vos clients.

Si vous savez pourquoi ou quand ils l'obtiennent, vous aurez un travail beaucoup plus simple pour faire correspondre leurs besoins à tous les avantages que votre entreprise peut fournir, ainsi que pour en découvrir de nouveaux. Avant de pouvoir leur proposer, vous devez connaître leur(s) recours actuel(s), s'ils en sont satisfaits, et également si votre service apporterait tout type d'autres avantages substantiels ou probablement meilleurs que ceux que le client reçoit actuellement.

" Lorsque vous enchantez les gens, votre objectif n'est pas de leur générer des revenus ou de les amener à faire ce que vous désirez, mais de les remplir de joie".

En utilisant un outil de connaissance du service (BI), vous pouvez acquérir des connaissances importantes sur la pile technologique de votre client. Par exemple, pour votre offre SaaS, vous pouvez découvrir chacune des technologies modernes qu'ils utilisent, décomposées en diverses informations granulaires, offrant un indicateur clair de leur orientation commerciale. Il s'agit de technologies qui se chevauchent et que les consommateurs peuvent utiliser, ce qui vous permet de mettre l'accent sur leurs besoins, tout en révélant de nouveaux marchés verticaux et de nouveaux clients à exploiter.

Pour réaliser de bonnes ventes, il faut mettre en valeur les atouts de votre produit ou service auprès de vos clients. Allez au-delà de votre activité principale et faites-vous une idée de la grande variété d'options offertes à vos consommateurs, ainsi que de l'ensemble du paysage.

Rester à l'avant-garde des occasions vitales

Le développement d'une connexion client durable dépend en grande partie de la prévision de l'avenir, ainsi que de l'anticipation de leurs déménagements. Votre entreprise doit être en mesure de reconnaître les différents modèles qui vont affecter vos clients. Le fait d'être dans la faille des modifications passées et existantes qui inquiètent vos clients potentiels vous permet d'attendre ce dont ils vont avoir besoin, de sorte que vous pouvez sauter sur l'occasion et utiliser votre solution aussi rapidement qu'ils l'exigent.

Restez dans le contexte

Il est plus que probable que vos clients reconnaissent actuellement que le produit ou le service approprié au bon moment peut être inestimable pour leur entreprise, influencer leur fonctionnement quotidien, éviter des défaillances cruciales, et plus encore. Aussi excellents que ces bruits et aussi longtemps qu'ils seraient certainement capables de les entendre, vos clients pourraient être exaspérés par des efforts antérieurs visant à leur proposer des remèdes qui promettaient exactement le même résultat et qui, par la suite, n'ont pas été à la hauteur.

Comme les consommateurs variés ont besoin de continuer à augmenter, avoir une connaissance approfondie des clients finit par être la plus grande source d'argent. L'imprévisibilité du marché ainsi que le débordement de données peuvent semer la confusion chez vos clients, qui pensent beaucoup moins aux services ou aux produits en soi qu'à des services flexibles et ajustables. Les clients souhaitent savoir que la personne qui se trouve à l'opposé de la table/du coup de fil/de l'appel de Skype comprend parfaitement le fonctionnement de leur entreprise. À titre d'exemple, quelles mesures vos clients peuvent-ils prendre pour mettre fin aux problèmes avant qu'ils ne reculent devant leur tête disgracieuse ? Que suggèrent les données exploitables ? Comment votre service peut-il les aider à se rendre là où l'effort est le plus nécessaire ? Vous avez une chance en or de combler les lacunes, de les aider à croire en leurs options de différentes manières, et surtout de leur fournir une carte de la méthode à suivre.

Supposez comme vos clients

Dans certains cas, il vous suffit de sortir de votre zone de confort pour comprendre réellement vos clients. Pensez-y du point de vue de votre propre entreprise - et si le fait d'offrir des mises à niveau et des options se transformait en une présentation de nouvelles idées et visions tout en travaillant en étroite collaboration avec vos clients sur leur croissance ?

La technologie et les outils permettant de produire des approches commerciales centrées sur le client sont disponibles et se multiplient, mais les organisations qui attendent de les exploiter (en particulier celles de taille moyenne et de petite taille) verront certainement leur clientèle faire défection aux classements concurrents qui réagissent de manière proactive et prennent la tête du peloton. Ne prétendez pas que nous ne vous avons pas vraiment avertis.

TECHNIQUES POUR VOUS AIDER À COMPRENDRE RÉELLEMENT VOS CLIENTS

L'optimisation de l'expérience du consommateur est un excellent moyen d'obtenir de nouveaux consommateurs. C'est également l'un des moyens les plus efficaces de promouvoir la fidélité des clients.

Selon Teradata, seuls 41 % des publicitaires utilisent les données relatives à l'engagement des consommateurs pour éclairer leurs techniques de publicité et de marketing.

Indépendamment de cela, les spécialistes du marketing en ligne et divers autres chefs d'entreprise négligent le client avant et après la vente. Le plus grand obstacle au démarrage est normalement l'absence d'une compréhension profonde du client au départ.

Les clients sont la bouée de sauvetage de votre organisation de free-lance. Sans eux, vous n'auriez pas de service !

La capacité de traduire les demandes des clients est une aptitude requise pour tout entrepreneur. Dans le secteur des free-lances, c'est particulièrement crucial car vous établissez fréquemment des propositions, vous présentez des clients et répondez à leurs attentes dans le cadre d'un travail normal. Vous ne devez pas penser que les clients exigent quelque chose, sinon vous allez rater la cible.

Le métier de consultant est similaire à celui de plusieurs autres petites entreprises. L'opération comporte plusieurs facettes, allant de la recherche de travail à la vente, en passant par la conclusion d'affaires, la fourniture de services sur place et le paiement de vos factures de freelance.

Vous ne conclurez jamais la vente pour en faire un consommateur si vous ne reconnaissez pas les exigences des clients potentiels. Dès que vous avez un client, vous devez rester pour comprendre et aussi remplir des exigences récurrentes, sinon vous ne conserverez pas l'entreprise. Vous devez savoir exactement comment identifier les besoins des clients.

Comment pouvez-vous garantir que vous répondez aux exigences des clients de manière à faire évoluer votre service ?

Il est essentiel de bien comprendre ses clients pour atteindre les objectifs fondamentaux de l'entreprise. Que vous essayiez de construire (ou d'optimiser) l'expérience client, de créer un matériel plus attrayant ou de stimuler les ventes. Il est essentiel de comprendre vos consommateurs beaucoup mieux qu'ils ne le font.

Nous examinerons les données qualitatives et quantitatives, ainsi que les outils et l'état d'esprit dont vous avez besoin pour démarrer avec succès.

Appliquer l'engagement intelligent des clients

L'optimisation de l'expérience client est importante pour les recettes et la fidélisation. Il peut être une source d'informations sur les clients si vous le faites bien.

Il est désormais beaucoup plus facile de s'impliquer auprès de vos clients en temps réel grâce à de tout nouveaux dispositifs. Le transporteur devient un canal de service à la clientèle de plus en plus populaire, tandis que des outils comme Drift vous permettent de parler avec vos clients lorsqu'ils effectuent des recherches sur votre site web :

Ces canaux sont un moyen de recueillir la compréhension des clients. Les informations exclusives que vous recueillez lors de vos interactions avec vos clients, quel que soit le canal, peuvent vous aider à mieux les comprendre. Collaborez avec vos groupes de service à la clientèle pour essayer de trouver des modèles et de répondre à l'information que vous produisez.

Rien ne vaut l'avancement du client. Obtenir vos clients par téléphone peut souvent vous aider à approfondir leurs malaises, leurs exigences ainsi que les obstacles qu'ils rencontrent.

C'est précisément ce que fait Alex Turnbull, fondateur de Groove, pour mieux comprendre ses clients. Il passe régulièrement des appels téléphoniques afin de comprendre ce qu'ils aiment ou n'aiment pas dans son objet.

Il a donc contribué à stimuler son processus d'embarquement, à transformer des clients malheureux en clients ravis et à produire des identités d'acheteurs plus avancées.

Comme vous avez pour fonction de maintenir l'engagement de vos consommateurs pendant la phase initiale du voyage, considérez votre connexion naissante comme une rue à double sens. Encouragez les consommateurs à partager leurs réflexions et leurs opinions en réalisant une enquête de satisfaction complète auprès de vos clients par courrier électronique.

Survey Gizmo recommande ces 3 concepts clés à suivre lors de la conception d'une étude :

Éliminer les préjugés : Demandez au consommateur son point de vue sans projeter le vôtre. Obtenez leur point de vue impartial et sans préjugés.

Soyez concret : utilisez un langage de base qui demande un retour d'information sur un sujet particulier. "Comment avez-vous amélioré l'efficacité de la publicité et du marketing grâce à notre application logicielle" aidera certainement à identifier la valeur que vos consommateurs obtiennent de vous.

Focus : vos enquêtes doivent porter sur un lieu de l'expérience du consommateur. Le but est d'obtenir des compréhensions que vous pouvez après cet acte.

Gardez ces éléments à l'esprit lorsque vous personnalisez votre enquête auprès des clients en y ajoutant des questions relatives à votre marque et à votre produit.

Créer des personnalités d'acheteurs plus robustes

De nombreux spécialistes du marketing en ligne commettent l'erreur d'utiliser des données démographiques communes comme la carrière, l'âge et le lieu pour créer leur profil d'acheteur. Ces points de données ne fournissent tout simplement pas suffisamment de détails pour élaborer un message qui soit en résonance avec votre marché cible sur le plan émotionnel.

Une façon d'approfondir les choix des consommateurs est d'utiliser l'onglet "Acquisitions" de Google Analytics pour voir de quels réseau sociaux , sites de blogs et forums en ligne spécialisés provient le trafic de votre site. Appliquez ces informations à vos identités afin de savoir où et quand les joindre beaucoup plus efficacement.

En outre, l'obtention de données sur les mots clés est une méthode précieuse pour découvrir les termes et aussi les descriptions que des personnages acheteurs particuliers utilisent pour définir vos services.

Pour sectionner les consommateurs sur la base de recherches par phrases clés, par exemple, utilisez les outils Google pour les webmasters afin de produire une liste de contrôle des phrases de recherche habituelles qui conduisent les individus vers votre site web. Ensuite, regroupez les phrases de recherche dans des styles globaux et désignez les différents caractères en fonction des informations que vous avez proposées.

Connaître leur service

Il est important que vous reconnaissiez votre client et son service avant de le rencontrer, de préparer une proposition en freelance ou de faire un discours de vente. Vous pouvez le faire par différents moyens, y compris l'étude d'Internet.

Parmi les points cruciaux que vous aimerez certainement connaître figurent la durée de vie de l'entreprise, ses principaux produits et services, ses décideurs ainsi que ses concurrents.

Vous pouvez en outre demander à un client potentiel de terminer un document de découverte ou, si vous êtes designer ou créateur, utiliser un court métrage innovant. Ce document peut répondre aux questions les plus pertinentes que vous souhaitez obtenir avant une rencontre en personne. Il vous permet d'être prêt à discuter des défis auxquels le client est confronté et de ce que vous pouvez faire pour les maintenir. De même, cela donne le ton que vous êtes un excellent auditeur et que vous êtes prêt à optimiser votre temps avec le client.

Vous et vos consommateurs n'êtes pas seulement une question de travail. Vous êtes aussi des individus, il n'y a donc pas de mal à obtenir de comprendre vos clients et à développer une relation après le travail.

Générer des données à partir de l'analyse de la clientèle

De la visite d'un lien à la consultation d'une page web, chaque activité de consommation fait appel à une compréhension bénéfique des habitudes du client.

Pour déterminer comment les clients interagissent avec votre site, vous pouvez essayer un dispositif de surveillance des actions des clients. Des outils tels que Google Analytics et Inspectlet sont des outils formidables pour recueillir des informations telles que le temps passé sur la page et le taux de rebond. Inspectlet peut même proposer de courtes vidéos des utilisateurs sur votre page web en temps réel.

Les données comportementales que vous recueillez doivent vous amener à une réflexion finale sur ce que votre public ne comprend pas, ce qu'il fait et ne fait pas, et comment vous pouvez créer une expérience de site plus puissante.

Si les gens ont des difficultés à naviguer sur une page web de vente particulière, par exemple, réajustez l'interface pour permettre une expérience beaucoup plus conviviale.

S'il y a une page sur laquelle les individus investissent encore plus de temps que sur les autres, évaluez le contenu de cette page pour voir ce qui maintient l'intérêt des individus. Plus important encore, s'il existe une page web avec un prix de rebond élevé, essayez de voir ce qui pousse les gens à partir.

Écouter (en fait écouter).

Cela semble être les recommandations les plus directes, mais en tant que personnes, c'est souvent le plus difficile. Nous sommes tous coupables d'être de mauvais auditeurs à différents moments, pour différentes raisons. Le fait de prêter attention à votre client vous aidera à comprendre et à préserver les détails que vous obtenez actuellement, même s'il ne s'agit pas d'une conférence officielle.

Pour être un grand public, il faut se concentrer et travailler. Vous trouverez ci-dessous quelques moyens de devenir un meilleur public :.

Faites attention à comprendre. Beaucoup de gens préparent des réactions lorsque nous sommes à l'écoute d'autres individus. Notre esprit saute à ce que nous avons l'intention de revendiquer ensuite, au lieu de se concentrer sur ce qui nous est réclamé. C'est vrai pour les ventes et aussi pour les atmosphères commerciales. N'élaborez pas votre discours pendant que le client discute. Attendez d'avoir toutes les informations dont vous avez besoin avant de réagir.

Ce simple mouvement vous aide à vous concentrer sur ce qui est dit.

Réduire les interruptions. Plus précisément, si vous reconnaissez que vous êtes facilement distrait, réduisez toute forme de perturbation pendant une conférence de clients. S'asseoir dans un espace silencieux, sans rien, mais avec un outil de prise de notes s'il est au téléphone. Si c'est en individuel, ne vous asseyez pas face à une fenêtre extérieure ou au couloir du lieu de travail. Il est trop facile d'éloigner son attention du client, et un moment éloigné est également une minute trop longue.

Soyez attentif à chaque opportunité. Vous écouterez certainement quelque chose de la part du client qui n'est pas seulement une occasion de faire une vente. Peut-être pouvez-vous fournir des conseils ou des orientations en tant qu'autorité de confiance dans votre domaine. Cela peut rapporter des dividendes immédiatement, ou plus tard.

Posez des questions et paraphrasez pour comprendre.

Un autre aspect crucial de l'écoute consiste à poser des questions pour reconnaître les demandes des consommateurs ainsi qu'à reformuler ce qu'ils disent. Cela permet de clarifier et de mieux comprendre leurs besoins.

Pour ce faire, posez des questions ouvertes, plutôt que des réponses par oui ou par non, et, s'il s'agit d'un travail d'image de marque, envisagez d'utiliser un ensemble de questions d'image de marque pour obtenir une compréhension approfondie de la création. Parmi les points les plus importants que tout client désire, il y a celui d'être compris.

En vous fiant à votre client, vous devrez peut-être adapter votre conception de l'interaction. Comme le mentionne Annette Young, "pour créer des liens et améliorer la simplicité de la communication, il peut être utile d'adapter la conception de votre interaction. Si votre client est vraiment direct et parle rapidement plutôt que d'avoir une conception conversationnelle, adaptez vos propres interactions et reflètez également son style".

La paraphrase est un outil supplémentaire pour vous assurer que vous comprenez les besoins de votre client. De même, cela montrera au client que vous étiez attentif et que vous comprenez ce qu'il vous disait.

Le pouvoir supplémentaire de la paraphrase réside dans la réponse du client. Ils vont certainement soit vous corriger, soit discuter plus complètement de ce qu'ils disaient, ou les deux. Ils vous fourniront probablement aussi des informations supplémentaires qui vous permettront également de conserver votre emploi.

Une paraphrase fiable révélera certainement à vos clients que vous étiez en fait attentif, ainsi que vous reconnaissez et pouvez également répondre à leurs besoins.

Anticiper, prédire et aussi planifier l'avenir.

L'élaboration d'un plan pour l'interaction future avec les consommateurs est tout aussi vitale que l'élaboration d'un plan pour le présent. Cela permet aux équipes chargées de l'expérience client d'avoir la bonne attitude pour réagir aux clients dans des situations stressantes ou difficiles.

Les logiciels de modélisation anticipée exploitent les données existantes sur les consommateurs pour reconnaître les tendances intermittentes et les modes qui peuvent influencer la prise de décision. Les deux grands outils sont RapidMiner et l'analyse des consommateurs d'Angoss, qui créent tous deux des versions futures réalistes.

Pour voir exactement comment la modélisation prédictive éduque la stratégie des consommateurs, l'image que vous aidez une entreprise SaaS qui a l'intention de réajuster sa feuille de route d'articles en fonction des besoins des consommateurs.

L'examen des données comportementales historiques vous révélera certainement quelles sont les caractéristiques que les clients ont découvertes les plus utiles au fur et à mesure, et aussi celles qu'ils n'ont pas vraiment utilisées. La compréhension de vos pages les plus importantes et les plus vues peut également vous aider à choisir votre méthode de travail, en vous concentrant sur des sujets et des formats qui vous permettront certainement de surmonter les obstacles de votre marché cible.

Tracez des schémas à travers les attributs les plus couramment utilisés pour établir pourquoi vos consommateurs les ont aimés. En outre, l'examen des tendances du marché et l'analyse vous donneront une excellente idée de ce que diverses autres entreprises de votre région ont déjà accompli, de sorte que vous pourrez concevoir de nouveaux attributs qui exploreront ces domaines.

Julia Cupman, de B2B International, met l'accent sur la valeur des études de marché :.

De nombreuses entreprises ont recours à des études de marché auto-dirigées comme forme de couverture d'assurance, c'est-à-dire comme moyen de réduire le danger commercial. La section suivante examine comment la recherche en marketing est utilisée dans l'avancement des articles - pas seulement comme une assurance, mais aussi comme un outil pour développer des exigences ainsi que pour obtenir des connaissances sur le potentiel du marché.

Apporter de nouvelles idées à la table.

Que vous en soyez à la phase de proposition ou que vous en fassiez déjà profiter un client, proposez-lui des options. N'hésitez pas à proposer autre chose que ce que le client souhaitait. Votre client appréciera certainement que vous suggériez des originalités et peut-être aussi que vous reconnaissiez une exigence qu'il n'a pas comprise.

Vous avez peut-être un bien meilleur service à l'esprit, et cela montre une fois de plus que vous écoutez et essayez de comprendre les demandes de vos clients.

Continuez à revenir avec le client.

Parce que vous avez un client ravi de l'existant n'indique pas que votre travail de reconnaissance des besoins des clients est terminé, tout simplement. Il est essentiel de vérifier régulièrement auprès des clients, de s'assurer que vous répondez aux attentes et de voir si vous pouvez offrir du travail supplémentaire. Avoir une base de clients dévoués est vital pour tout type d'organisation, dans tout type d'industrie.

Voici quelques exemples de moyens que vous pouvez utiliser pour faire le tour avec un client :.

Organisez une session post-projet avec le client, s'il s'agit d'un travail de détail que vous avez effectivement réalisé. Demandez des réponses sur place, et soyez prêt à suggérer d'autres travaux que vous pouvez faire pour le client.

Procéder à des évaluations régulières selon un calendrier précis. Par exemple, si vous avez recours à des honoraires, il est intéressant de procéder à des examens semestriels ou annuels pour voir si le partenariat profite aux deux parties. Il indiquera également les nouveaux emplois ou les points qui nécessitent une transformation.

Appelez fréquemment les clients. Vous pouvez également choisir un moyen beaucoup moins officiel d'interagir avec les clients, comme un appel périodique pour les mettre au courant et leur demander comment ils se sentent vraiment par rapport à votre travail. Vous pouvez leur demander d'évaluer vos services de 1 à 10 ; s'ils ne vous offrent pas un 10, vous pouvez leur demander ce que vous pouvez améliorer. Si vous obtenez un 10, demandez ce qui les a rendus si heureux.

Même si vous vous trouvez face à un client difficile, vous pouvez toujours chercher des méthodes pour améliorer et renforcer le lien dans votre travail. Si rien ne marche, il y a toujours l'alternative de tirer sur le client, comme dernier espoir.

Traversez le chemin de votre client.

La seule façon de reconnaître le voyage d'achat distinct et dynamique du consommateur est de se mettre à la place de votre client.

Ceci est rendu possible grâce à une technique avancée appelée cartographie du voyage du client - une technique où les entreprises produisent une représentation visuelle complète du voyage du consommateur basée sur des facteurs tactiles cruciaux - les communications entre un client et votre marque avant, pendant ou après l'achat.

Permettez-nous de prendre l'exemple d'Uber pour définir les points de contact et voir comment ils s'appliquent à la cartographie des déplacements des consommateurs. Les petits points de contact consistent en des tâches comme le téléchargement et l'installation de l'application, ou la conformité à l'application sur les sites de réseau sociaux .

Par contre, les facteurs de contact importants comprennent des choses comme demander un voyage ou suivre une formation de chauffeur. Dès que des points de contact sont spécifiés, explorez les scénarios affectant chaque point de contact.

Un spécialiste du marketing en ligne chez Uber pourrait se demander : qu'est-ce qui a poussé le motard à télécharger l'application pour la première fois ? Etait-ce lié au programme de recommandation des clients d'Uber ? Faites participer votre équipe interne à ces préoccupations afin d'obtenir un point de vue global et de promouvoir la résolution collective des problèmes.

Lorsque vous reconnaissez des points de contact défaillants, par exemple lorsqu'un client n'utilise pas l'application Uber qu'il a téléchargée et installée, élaborez un plan pour entrer en contact avec ces clients.

Vous pourriez souhaiter développer des points de repère, comme lorsqu'un utilisateur d'une application ne s'est pas connecté à son compte depuis 3 mois, ou lorsqu'un consommateur sérieux cesse inopinément d'utiliser le produit. C'est encore mieux si votre groupe d'expérience client a la capacité d'appeler, de composer ou de rencontrer les consommateurs directement pour comprendre pourquoi ils sont désengagés.

Si vous ne disposez pas de ces sources, créez une gouttelette de marketing par e-mail spécifiquement axée sur la ré-engagement de vos clients en fonction de certaines étapes.

La première étape d'une interaction commerciale efficace consiste à comprendre à qui vous avez affaire. Sans savoir que votre prospect l'est vraiment, vous essayez de frapper une cible les yeux bandés.

Mieux vous comprendrez votre prospect, plus votre argumentaire de vente sera certainement meilleur. Si vous prenez le temps de comprendre à qui vous essayez de vendre, vous réaliserez beaucoup plus de ventes.

Comprendre les demandes des clients n'est que l'un des défis les plus importants de tout type de service indépendant, mais aussi l'une des tâches les plus cruciales et les plus satisfaisantes. En acquérant et en conservant une clientèle fidèle, vous vous assurez que votre service reste efficace.

Ces stratégies sur la manière exacte d'identifier les besoins des clients offriront certainement à votre entreprise indépendante à chaque étape du processus, de la présentation du client à l'élaboration de propositions et à la réalisation effective du travail.

Grâce à des analyses avancées, des outils d'enregistrement des comportements et des points de contact plus forts avec les clients, il est plus facile que jamais de reconnaître le comportement des clients.

Les stratégies définies dans ce domaine sont des méthodes courantes destinées à informer et à influencer vos initiatives d'engagement client, mais elles doivent toujours être traitées en fonction de ce qui convient à votre public.

L'IMPORTANCE DE CONNAÎTRE
SON CLIENT

Vos clients sont votre plus grande propriété. Sans une base de clientèle solide, un service s'effondrera certainement. Bien qu'il soit nécessaire d'obtenir de nouveaux clients pour le développement des entreprises, il est tout aussi essentiel de conserver de bonnes relations avec vos clients existants.

Connaître son consommateur est essentiel pour le service, c'est pourquoi le témoignage du client est essentiel. La plupart des entreprises ne se concentrent jamais sur ce lieu, mais il est essentiel d'obtenir des témoignages de clients afin de mieux reconnaître les consommateurs. Grâce à leurs commentaires sincères, vous pouvez repérer les éléments importants qui peuvent être renforcés dans les solutions que vous apportez et agir en conséquence.

Nous avons en fait fourni quelques avantages à reconnaître vos clients et à utiliser le meilleur logiciel de surveillance des examens sur le marché pour vous aider dans votre service. Il coûte aux organisations 6 à 7 fois plus cher d'attirer un tout nouveau client que de conserver un client actuel. Comprendre les exigences de vos clients et avoir la capacité de les satisfaire donnera à votre organisation un avantage concurrentiel.

Produire des résultats

Beaucoup d'entreprises présument que leurs clients les sollicitent pour résoudre un problème, mais en fait, elles cherchent des entreprises pour "générer un résultat" pour elles. Si les services ne connaissent pas leur rôle dans les relations avec les clients, ils courent le risque d'être sous-performants. Les organisations doivent être conscientes des hypothèses de leurs clients et faire preuve de souplesse lorsque ces attentes changent.

Améliorer le service à la clientèle

Les canaux de service à la clientèle ne cessant de progresser, il est vital que les organisations suivent les choix de leurs clients. Une étude menée par HeyWire Business a révélé que 52 % des participants aimaient les messages texte pour leurs méthodes actuelles de communication des solutions clients. De plus, les professionnels des réseau sociaux Jay Baer, Jason Falls, Mark Schaefer, ainsi que Tom Webster ont réalisé une étude qui a conclu que 42% des consommateurs utilisant les plateformes de réseau sociaux comme réseau de solutions clients anticipent une réponse à leur problème dans l'heure qui suit.

Recherche en marketing

Si certains dirigeants d'entreprise savent facilement qui sont leurs consommateurs, les études de marché réservent souvent des surprises. Vous trouverez peut-être que votre client prototype est un peu différent de ce que vous présumiez. En prenant davantage conscience de vos consommateurs, de leurs habitudes d'acquisition et de leur lieu de résidence, vous disposez d'une base beaucoup plus solide pour répondre à leurs besoins en matière de produits et de services.

Lorsque les entreprises tentent de connaître leurs clients et de reconnaître ce qu'ils recherchent sur le marché, cela aide les marques à améliorer leur étude du marché. De nombreux points nouveaux améliorent la publicité des entreprises au fil du temps.

Lorsqu'une marque comprend aussi bien qu'elle comprend ses clients, elle obtiendra certainement des résultats imaginatifs et lancera des campagnes de marketing bien meilleures et aussi attrayantes qui pourraient être plus utiles que les précédentes. Les entreprises découvrent également les modes du marché, les concurrents, leur endurance et aussi leurs faiblesses et aussi les points sur lesquels elles doivent se concentrer encore davantage.

Orientation de la publicité et du marketing

Cela suggère que la compréhension des exigences et des désirs des clients est un élément essentiel de votre service. La fabrication, la publicité et le marketing résultent de la sensibilisation des consommateurs et sont utilisés pour développer et commercialiser ce que vous reconnaissez être les questions cruciales de vos clients.

Alignement des produits

Les entreprises axées sur les produits peuvent avoir du mal à égaler les marchés en transformation ou en évolution. Néanmoins, les entreprises centrées sur le client conservent un niveau de communication plus étroit avec leurs principaux clients. Cela vous rend beaucoup plus fiable pour vous adapter aux préférences changeantes ou aux nouvelles exigences des clients qui apparaissent. Ce lien étroit avec les clients vous permet de répondre plus rapidement et de manière cohérente aux préoccupations en matière de conception des articles ou d'apporter des améliorations à vos technologies de base.

Marketing

La compréhension de vos clients est un élément essentiel de la réussite d'une publicité. Vous devez savoir à qui vous vous adressez pour pouvoir choisir le média idéal, comme la télévision, la radio, le journal ou la presse écrite. Vous devez en outre reconnaître les consommateurs pour délivrer des messages convaincants qui résonnent. Si vous n'êtes pas en phase avec vos consommateurs, votre investissement financier dans la publicité ne sera pas rentable. Si vous vous attachez à vos clients et que vous faites preuve d'une capacité permanente à leur offrir et à promouvoir une valeur solide, il est fort probable que vous les fidéliserez durablement.

Fidélité des consommateurs

Lorsqu'une entreprise effectue des recherches ainsi que des enquêtes pour connaître ses consommateurs, elle reconnaît où les choses se sont mal passées. Toutes les politiques et tous les produits incorrects sont abandonnés pour faire plaisir aux clients. Lentement, les consommateurs se sentent extra complètement satisfaits lorsqu'une marque considère que le client exige et demande aussi.

Cela renforce également l'engagement des consommateurs envers les marques, car ils trouvent leurs services ou produits préférés et ne rêvent jamais de passer à une autre entreprise. Les entreprises préservent également les consommateurs plus longtemps et les taux de fidélisation des clients s'améliorent lentement.

Opportunités de développement

Il est certain que le fait de connaître les clients des services et de reconnaître leurs besoins offre davantage de possibilités de développement pour les entreprises. Lorsqu'une entreprise comprend vraiment ses clients aussi bien que ses consommateurs, de nouvelles alternatives d'investissement sont révélées dans les études sur les utilisateurs.

Au même moment, il a modifié la série d'articles et a également présenté ce que les individus voulaient. Toute organisation doit être en mesure d'identifier les nouveaux domaines et aussi les possibilités d'investir et de développer son réseau.

Centré sur le consommateur

Comme l'a fait Apple, de nombreuses entreprises ont en fait fourni pendant des années sans jamais comprendre ce qu'il en était. Les marques continuent à proposer des articles dont les utilisateurs ne veulent même pas. Ils ont besoin de quelqu'un comme Steve Jobs qui puisse comprendre le marché d'une bien meilleure manière et qui puisse aussi découvrir le type de nouvelle collection de produits dont l'entreprise a besoin pour démarrer.

Progressivement, les marques reconnaissent comme elles reconnaissent les clients, tout en essayant de devenir centrées sur le client. Les solutions et les produits concentrent les clients plus que tout autre chose. Cela signifie à la fois le développement et un véritable développement.

Une amélioration constante

Lorsqu'une organisation reconnaît ses clients, les produits sont modifiés et commencent même à être commercialisés en plus. Toutes ces choses se réfèrent à la rénovation, comme l'utilisation d'un logiciel de suivi des révisions pour utiliser une action rapide sur les réponses des clients.

Avec une meilleure compréhension des demandes des clients, toute organisation commence à se développer lentement et constamment jusqu'à ce qu'elle soit en contact avec les individus. Le jour où une organisation ignore les individus ainsi que leurs demandes, elle risque de perdre son attrait, ses éléments, ses solutions, ainsi que tout le reste. La pomme en est un exemple parfait. Parce qu'elle a conservé l'ancienne présentation, malgré les coûts élevés, la société a constaté une baisse remarquable des ventes d'iphones apple simplement.

Augmentation des renvois

Chaque fois que vous demandez à une organisation moyenne ou à une petite organisation où elle trouve ses nouveaux clients, elle utilisera certainement des mots de référence. Le mot "recommandations" signifie qu'une personne suggère une organisation à un autre individu et que ce dernier devient également le consommateur de cette entreprise.

Cela passe par une bien meilleure compréhension des clients et des besoins des utilisateurs. C'est le résultat de la compréhension de l'hypothèse du client et de l'intégration de ses exigences dans les produits, en même temps que les services. L'entreprise commencera à recevoir davantage de visiteurs et de personnes recommandées lorsqu'elle appréciera les commentaires des clients et qu'elle appréciera également leurs conseils.

La confiance des consommateurs

Étant donné que tout le monde est différent, les besoins des clients le seront certainement aussi. Chaque consommateur s'attend à ce que votre équipe ait une bonne compréhension de vos services et de vos articles, à savoir les prix, la durée de l'accord et de la solution, la garantie ainsi que les petits caractères de vos accords.

Développer votre marque

Lors de la construction de votre marque et de votre méthode de relations publiques, la compréhension de vos consommateurs peut également vous aider. Effectuer une étude de marché avant le lancement d'un produit ou d'un service vous aidera certainement à vous faire une idée de votre clientèle. Vous devriez donc enregistrer sur bande magnétique les informations que les consommateurs vous communiquent après l'achat afin de vous aider à obtenir des informations précieuses concernant leur activité professionnelle et le taux d'intérêt. Cela vous aidera à adapter vos efforts de marketing à ce public cible et donc à améliorer le service un jour prochain.

Répondre aux attentes

Les hypothèses relatives au niveau de service seront différentes selon le secteur d'activité dans lequel le client reste. Les consommateurs auront certaines hypothèses sur votre entreprise dans le marché que vous avez choisi. Comprendre les hypothèses de votre client vous aidera certainement à les satisfaire et à satisfaire encore plus de clients.

Répétition du service

La compréhension de vos clients peut également entraîner une organisation répétitive. Pour certains services, une méthode sans superflu peut fonctionner, mais pour d'autres, ils cherchent à utiliser un degré de service supplémentaire et à aller au-delà des attentes des clients. Si vous pouvez faire encore plus pour eux, vous pouvez les inciter à revenir, en demandant aux clients.

COMMENT TIRER PARTI DES AVANTAGES POUR EN SAVOIR PLUS SUR VOTRE CLIENT

Connaissez bien mieux vos clients, car eux seuls peuvent vous aider à obtenir encore plus de prospects et aussi encore plus d'affaires. Comprendre les consommateurs est la clé pour fournir un excellent service qui, à son tour, se traduit par de solides partenariats avec les clients et aussi par de nouvelles ventes grâce à une recommandation de bouche à oreille favorable. Comprendre la psyché des clients n'est pas aussi simple que cela et nécessite le plus souvent une analyse réfléchie pour déterminer leurs préférences ou leurs habitudes d'achat afin de pouvoir répondre à leurs exigences et dépasser leurs hypothèses.

En outre, une liste de 6 méthodes faciles pour mieux reconnaître vos clients est disponible. Lisez, comprenez et buvez-les dans le cadre de votre approche fonctionnelle afin de mieux vous engager auprès des consommateurs et de leur vendre inévitablement des produits supplémentaires.

1. Suivre le comportement des clients en temps réel

Les consommateurs d'aujourd'hui n'exigent rien de moins qu'une expérience sans faille dans tous les domaines du toucher, tant conventionnel qu'électronique. Pour ce faire, une entreprise doit être à la fois proactive et rapide dans sa méthode. Il doit anticiper les besoins des clients pour les proposer sur tous les systèmes avant même que le besoin ne soit réellement positionné.

Lorsque vous avez un appareil qui vous offre un aperçu du comportement en temps réel des consommateurs, et aussi tout cela peut se produire tout simplement. Les professionnels recommandent d'acheter un outil de suivi des relations avec les consommateurs (CRM) qui permet d'analyser en profondeur les activités des clients. L'une des circonstances les plus efficaces pour corroborer cela est la performance de CRM en matière de publicité et de marketing par e-mail.

La plupart des principaux CRM offrent des performances durables en matière de marketing par courriel avec un suivi en temps réel.

En utilisant le logiciel, vous pouvez

Suivez les performances de vos projets de publicité et de marketing par courrier électronique

Suivez les résultats de chaque projet en fonction de critères tels que le nombre total d'envois ou de tentatives, le nombre d'ouvertures ou de consultations, le nombre de liens cliqués, le nombre de désinscriptions, le nombre de rebondissements ou d'invalidités

Mieux comprendre votre marché cible en dressant une liste de ses goûts et de ses aversions

Offrir leurs préférences avec des graphiques en barres, en secteurs et en lignes extrêmement esthétiques et riches en contexte pour une analyse rapide.

Jane Miller remarque que la majorité des grands acteurs du marché ont besoin d'être anticipés. Tout cela grâce à l'innovation en matière de CRM, facile à utiliser, qui a réellement permis d'aller à l'essentiel, de mélanger et d'examiner les données en temps réel sur les consommateurs afin de déterminer les préférences des clients et aussi les habitudes d'achat et de prévoir les besoins des clients avant qu'ils ne le disent aussi.

2. Reconnaître les différents groupes de vos clients

Les marquer les uns avec les autres au sein de la même équipe ne conduit qu'à des projets génériques de vente croisée qui ne génèrent aucun résultat fructueux. Il est crucial de reconnaître les différents critères sur lesquels vous pouvez séparer vos clients. Permettre l'affirmation : le type de produits/services qu'ils reçoivent, la fréquence d'achat, la localisation géographique des clients, etc.

Lorsque les groupes sont formés et que les consommateurs sont séparés, il devient moins compliqué de concevoir des campagnes de marketing et de vente croisée précises avec des messages ciblés. Il va sans dire que ces campagnes apportent plus de valeur à votre entreprise et à vos clients.

3. Acheter des réseau sociaux Engagement des clients

Le facteur étant que des dossiers comme celui du PDG d'IBM Insights ont précisé que les clients sont énergiques sur les canaux des réseaux sociaux pendant pas moins de 6 heures par jour. Cela montre clairement le rôle important que jouent les réseaux sociaux, qui sont à la fois adaptés aux besoins et influencent le point de vue des clients.

Dans une telle circonstance, il s'avère essentiel pour toute organisation d'investir massivement dans l'implication des sites de réseau sociaux . Techniques de structuration pour impliquer votre public cible ainsi que vos clients sur tous les réseaux de réseau sociaux car ils sont clairement l'endroit idéal pour les atteindre.

Contrairement à d'autres systèmes conventionnels où ces tactiques publicitaires traditionnelles peuvent fonctionner, les réseau sociaux exigent des campagnes engageantes et authentiques qui comprennent des éléments perspicaces et réels. Nous suggérons d'utiliser les outils de CRM social pour mener des projets sociaux.

De plus, l'intégration des comptes sociaux de vos consommateurs directement dans le CRM vous permettra certainement d'obtenir un flux en direct de toutes les mises à jour effectuées par vos consommateurs. Cela constituera certainement une source supplémentaire qui vous permettra d'avoir une bien meilleure idée de vos clients, comme le type de discussions auxquelles vos consommateurs prennent généralement part.

4. Utiliser les interactions du service clientèle

C'est l'un des moments les plus efficaces pour obtenir un coup d'œil dans la psyché du consommateur. Encadrez donc une série de questions et remettez-la à vos agents du service clientèle.

Chaque fois que vos consommateurs contactent vos représentants de service, ils peuvent demander des renseignements sur ce qu'ils aiment ou n'aiment pas dans les services ou l'utilisation des produits. Exemple :

Comment utilisent-ils le produit et les services ?

Sont-ils satisfaits de l'utilisation du produit/service ?

Quelles sont les modifications qu'ils aimeraient voir apporter au produit/service ?

En pratiquant régulièrement cette expérience, vous pourrez constituer une base de données de connaissances utiles aux clients qui pourront être utilisées pour élaborer des messages ciblés.

5. Se concentrer sur les goûts personnels et les préférences des clients

Il est excellent de fournir à vos clients des informations sur votre produit/service, mais ne vous limitez pas à cela. Parfois, le fait d'aider à déterminer le taux d'intérêt général des clients remplit également une grande fonction. Il donne la perception de l'attention que vous portez à vos clients et rapproche vos acheteurs de vous.

De nombreuses entreprises en phase de démarrage suivent cette politique et utilisent les données sur les consommateurs dans la source de données du CRM pour structurer des matériaux/ressources qui se répercutent sur les autres intérêts des consommateurs. À titre d'exemple, le partage de l'information sur les dernières lubies qui se produisent dans quelques autres industries qui ne sont pas toujours liées au produit/service de l'entreprise elle-même.

L'idée est qu'au lieu d'envoyer continuellement des documents en rapport avec le produit/service (ce qui devient souvent monotone), le fait de susciter des conversations autour d'autres sujets universels génère de multiples occasions de produire un fil de conversation avec les consommateurs.

6. Créer des informations de contact complètes

Assurez-vous de disposer d'une source de données centrale qui contient une liste de contrôle détaillée et précise. Bien qu'il existe différentes méthodes, le concept ressemble à une application CRM durable et facile à utiliser. C'est la raison pour laquelle de nombreuses entreprises mettent en place chaque année un service de gestion de la relation client dans le nuage afin de stocker soigneusement chaque élément de données sur les clients. Il va sans dire que cela permet de développer un profil de consommateur riche et de gérer avec compétence les interactions récurrentes entre le client et l'entreprise.

La compréhension de vos principaux clients est un avantage considérable, tant pour l'organisation que pour le marketing. Comprendre que vos clients réguliers sont ainsi que leurs besoins et leurs intentions vous aide à mieux adapter votre entreprise. Elle vous permet également d'être plus persuasif dans vos efforts de marketing.

DIFFÉRENTS TYPES DE CLIENTS POUR VOTRE ENTREPRISE

Les clients jouent un rôle important dans toute organisation. Pour comprendre les habitudes des clients et aussi pour mieux affecter les ressources aux différents clients afin de générer le plus grand profit, il est nécessaire de pouvoir identifier et sectionner les différents types de consommateurs. En comprenant beaucoup mieux les différents types de clients, les services peuvent être beaucoup mieux adaptés pour établir des méthodes efficaces.

Il est important pour une organisation de garder les consommateurs ou de se faire de nouveaux clients et aussi de prospérer. Pour gérer les clients, les entreprises doivent se conformer à un certain type de stratégies comme la division ou la répartition des clients en groupes, car chaque consommateur doit être considéré comme important et fructueux.

La plupart d'entre nous veulent faire valoir le point approprié : regarder chaque client sans préjugé et aussi offrir à chacun d'eux sa satisfaction. La technique est moralement saine, mais elle est souvent opposée aux tableaux de bord et au service clientèle. C'est dur.

Le concept de rationalité limitée décrit bien le problème. Il affirme que nos capacités de décision sont aussi bonnes que le temps, l'information et les capacités cognitives le permettent. En matière de service à la clientèle, au moins les deux premiers sont souvent rares.

Le service humain pour surmonter cela est l'heuristique, les raccourcis mentaux. Les suppositions concernant les autres sont très probablement le cas le plus courant. Pour les agents d'assistance, le défi quotidien consiste à trouver un juste milieu entre la préparation des préférences de l'interlocuteur et le soutien d'un des mérites les plus courants et des principes de l'assistance à la clientèle. Pour tirer parti des raccourcis utiles, il faut cependant éviter les préjugés émotionnels et les stéréotypes

Comprenez-vous les avantages et les inconvénients de la prise en charge des clients ? Il est certain qu'une bonne expérience client se traduit directement par des taux de conversion plus élevés. Plus vous vous attachez à vos clients, plus votre méthode doit être personnalisée. Il peut fonctionner à votre avantage, mais peut aussi se retourner contre vous si vous ne reconnaissez pas qu'il existe différents types de clients.

Découvrez comment traiter avec les types de clients les plus courants dans le domaine de la vente et des solutions clients. Parce que des clients différents ont des caractères différents, et aussi pour cette raison - des hypothèses.

Noter les exigences d'un client et aussi réajuster ses habitudes en fonction des fonctions nécessaires pour soutenir le client. Parce que la classification aide au respect, voici les 11 types de clients globaux que vous devez connaître.

Types de consommateurs - par la relation d'affaires

Le conducteur

Le chauffeur est l'une des personnalités les plus actives et les plus dynamiques de tous les types de clients.

Les conducteurs de véhicules occupent souvent des postes de manutention, alors attendez-vous à ce qu'ils dirigent et gèrent. Ils sont du genre crucial, et ils aiment aussi choisir rapidement, mais ils ne sont pas très soucieux des détails.

Les automobilistes sont des passionnés qui ont une vue d'ensemble et voient tous les objectifs à atteindre pour y parvenir. Ils ne sont pas de nature à analyser de manière excessive et à choisir de prendre une décision, même si elle est négative.

Les forces du chauffeur sont qu'il est extrêmement discipliné, productif et indépendant. Elles sont définitives et permettent de faire avancer les choses, quoi qu'il arrive.

Leurs points faibles sont qu'ils peuvent avoir un faible niveau de compassion. Les conducteurs ont souvent tendance à être insensibles et durs (puisqu'ils se concentrent sur les points les plus urgents au lieu d'évaluer exactement ce que les individus ressentent à leur égard). Ils ont en outre tendance à précipiter les choix sans en anticiper les répercussions. De même qu'ils n'aiment pas admettre qu'ils ont tort !

Comment vendre aux conducteurs ?

Maintenez-le brièvement - Les conducteurs sont extrêmement ambitieux, ce qui suggère qu'ils valorisent leur temps. Et vous devriez le faire aussi, en allant droit au but.

Programmez leur la manière dont vous les aiderez à atteindre leurs objectifs - ne parlez pas de votre produit et de vos services pendant des heures - mais révélez leur plutôt les problèmes de leur entreprise que vous allez résoudre.

Soyez professionnel - Les chauffeurs s'occupent généralement de la gestion des paramètres du travail, ils sont professionnels et ils attendent exactement la même chose de vous. Soyez calme, individuel, soyez bref et allez droit au but.

Débarrassez-vous des bavardages. Certains clients aiment participer à un bavardage, mais les chauffeurs n'en font pas partie.

Comment traiter les conducteurs dans le service à la clientèle ?

Soyez positif, mais respectueux. Les conducteurs sont sûrs d'eux, vous devriez donc le faire. Ne vous laissez pas déconcerter par leur confiance en soi - utilisez des arguments logiques pour décrire la situation, tout en étant courtois.

N'engagez pas de conversation inutile - si vous avez le sentiment que la conversation ne se déroule pas selon les instructions appropriées, remettez-la sur la bonne voie. Quand vous entrez dans une bagarre avec le chauffeur, vous ne pouvez pas vous en sortir, ils ne vous laisseront pas partir. Participez à la bataille et tentez de résoudre le problème.

N'essayez pas de vérifier qu'ils sont incorrects - ils sont positifs, donc essayer de prouver qu'ils se trompent (même s'ils le sont vraiment) ne fera qu'enflammer les choses. Restez dans le vif du sujet et concentrez-vous également sur les services.

Sortez de vos compétences si nécessaire - vous ne pouvez pas constamment satisfaire vos consommateurs en leur fournissant ce qu'ils veulent. Cependant, vous pouvez constamment essayer - n'ayez pas peur de parler avec votre responsable ou avec divers autres services pour essayer de trouver un remède. Même si vous échouez, informez le chauffeur que vous avez essayé - il appréciera votre initiative ainsi que votre sincérité.

La perspective

The Prospect a un produit qui lui convient parfaitement, mais son niveau de passion pour votre offre peut être différent. Elle n'a pas de compte et ne reconnaît pas non plus encore ses moyens autour de votre site web. Vous constaterez qu'elle investit plus de temps sur les pages de produits que le visiteur moyen de votre site et qu'elle consulte également diverses sections de votre FAQ.

Elle est susceptible d'avoir besoin d'aide, mais elle ne va pas constamment la demander. Elle est curieuse mais n'a pas décidé d'acheter chez vous. N'ayant aucun lien avec votre marque, elle a besoin de facteurs forts pour vous placer devant les concurrents. Votre impression peut faire ou défaire l'offre.

Juste comment gérer : Souligner la facilité d'accès via les canaux de contact, par exemple la conversation en direct (voir le billet de blog sur les principes de l'assistance à la clientèle)

Concentrez-vous d'abord sur la réduction de l'effort, en particulier lorsqu'elle ne connaît pas votre site web

De l'orienter vers les étapes initiales, vers le check out dans un magasin ou la configuration en SaaS

Mettre l'accent sur la valeur de l'article par la vente basée sur la valeur et aussi par le marketing basé sur l'éducation

Gardez à l'esprit : Traitez les clients recommandés comme Prospect. Bien qu'ils n'aient pas d'antécédents d'achat vierges et qu'ils puissent avoir un compte, ils reconnaissent généralement peu de choses vous concernant.

Le novice

Ce premier acheteur offre des informations rares mais peut déjà avoir un compte. Quelques-uns des attributs du Prospect concernent également le Novice : il navigue vers des pages comparables, ne connaît probablement pas votre site web et est encore plus susceptible de poser des questions de base.

Sa première impression a été bonne et a provoqué un achat, actuellement elle essaie de trouver une vérification que c'était le bon choix. C'est l'occasion pour vous de le soutenir et de gagner un client éventuellement dévoué. Une mauvaise expérience de soutien, néanmoins, peut rapidement créer une toute nouvelle exigence et la pousser à bout.

Comment prendre soin

Assurer un embarquement formidable (voir notre article sur les meilleures et les pires techniques)

Précisez toujours clairement les actions suivantes : les mises à jour de l'état de livraison (si vous êtes un commerçant), les attributs idéaux pour commencer ainsi que les objectifs à atteindre (si vous êtes un SaaS).

Assurez-vous que vous comprenez bien que la novice est favorisée par le réseau et mettez-le à sa disposition.

L'analyste.

Ce type de client est très attentif aux détails. Les analystes sont généralement des gens sérieux et peu énergiques. Ils supposent que la qualité prime sur la quantité - ils ont obtenu des critères extrêmement élevés, tant sur le plan professionnel que direct.

Les experts ont tendance à prendre leur temps pour prendre des décisions, et ils n'aiment pas être pressés. Ils sont souvent introvertis et peuvent être facilement poussés hors de l'équipe.

Les analystes n'ont pas tendance à quadriller les Drivers, car ils représentent généralement deux extrêmes de caractères : l'un pousse les points vers l'avant sans hésitation, tandis que l'autre a tendance à évaluer et aussi à vouloir, en faisant des choix réfléchis.

La force des analystes réside dans l'intérêt qu'ils portent à l'information. Ils voient littéralement chaque petite chose qui manque à certains clients, même si ce n'est pas pertinent. Ils ont également tendance à être perfectionnistes - ils ont établi un niveau élevé de critères, et ils veulent que tout soit PARFAIT !

Leur plus grande faiblesse est qu'ils ont tendance à suranalyser, ce qui peut les empêcher de choisir (une fois qu'ils ont suivi un cours, il est peu probable qu'ils le changent). Ils n'aiment pas être pressés, et peuvent aussi être de mauvaise humeur, critiques, et avoir un manque de confiance.

Comment offrir aux analystes ?

Parler avec les données - Les analystes n'aiment pas les mots étonnants aussi bien que les promesses marketing insatisfaites. Montrez-leur les données sur la façon dont vos services ou produits ont aidé vos clients à se convaincre.

Attendez-vous à un long processus de vente. Les analystes sont des décideurs lents. Prévoyez un peu de temps pour leur permettre de composer leur esprit, et prévoyez des questions avancées (très probablement celles que vous n'avez jamais entendues auparavant).

Évitez de leur imposer trop de stress - étant donné qu'ils ont tendance à être indécis, il est essentiel de leur accorder suffisamment de temps pour traiter les informations. Au lieu de les presser, veillez à ce que toutes leurs demandes soient couvertes.

Aidez-les à sortir de l'information - puisque les analystes aiment évaluer, ils peuvent se concentrer sur des informations non pertinentes -

s'ils le font, aidez-les doucement à revenir sur la voie.

Comment traiter les analystes au service des clients ?

N'obtenez pas aussi bien personnel - ce type de personnalité a souvent tendance à garder ses distances, alors essayez de ne pas exiger un lien personnel. C'est peut-être un excellent concept pour engager des analystes avec un service clientèle non humain (pssst, vous pouvez couvrir cette partie avec Tidio Chatbots).

Avoir BEAUCOUP de persistance - Les analystes évaluent beaucoup, ce qui indique que la prise en charge de leurs préoccupations peut prendre plus de temps que d'habitude.

Préparez-vous à des préoccupations détaillées - il est très probable qu'un analyste évitera la plupart des demandes de renseignements courantes et continuera à faire avancer l'information. Et souvent, même les représentants bien informés du service clientèle ne connaissent pas les réponses. Dans ce cas, veillez à lui promettre une réponse, recherchez-la, ainsi qu'à prendre contact avec l'analyste pour un suivi.

ont progressé en matière de compréhension - comme indiqué précédemment, les analystes essaient souvent de trouver une compréhension globale. Veillez à l'avoir ou à savoir où la trouver (par exemple, une base de connaissances ou un collaborateur encore plus qualifié).

Le Patron et aussi un loyaliste

Clients fidèles - Ces types de clients sont moins nombreux, mais ils génèrent plus de ventes et de revenus que les autres consommateurs, car ce sont eux qui sont entièrement satisfaits. Ces clients jettent un autre regard sur l'organisation avec le temps ; il est donc important de communiquer et aussi de rester en contact avec eux régulièrement et de passer beaucoup de temps et d'efforts avec eux. Les clients fidèles veulent un objectif spécifique qui nécessite des réponses respectueuses et respectueuses de la part du fournisseur.

Les clients fidèles sont le secteur le plus vital à apaiser et devraient être au premier plan pour tout type d'entreprise. Ce type de client ne représente généralement pas plus de 20 % de la clientèle d'une entreprise, mais contribue à la majorité des bénéfices des ventes. Les clients dévoués, comme leur nom l'indique, sont fidèles et accordent également une grande valeur à un article. En outre, les clients fidèles sont les plus susceptibles de conseiller les produits de l'entreprise à d'autres personnes.

Le Patron est un consommateur régulier, votre client adéquat si vous voulez. Elle a un compte, un historique d'achats abondant et des visites régulières. Elle reconnaît sa méthode, comme en témoignent sa routine de visite de certaines pages préférées et son manque de FAQ. C'est pourquoi elle est plus susceptible de poser des questions de détail que des questions standard.

La patronne peut fonder ses hypothèses concernant la qualité, le taux et l'efficacité de l'assistance sur des communications antérieures et il est probable qu'elles soient élevées. Elle ne vous abandonnera pas après une expérience particulièrement éprouvante, ses achats réguliers suggèrent que vous lui fournissiez constamment votre idéal.

Prendre soin

- Suivi via les réseaux d'appel qu'elle recommande

- Faire connaître les communications et les achats antérieurs pour renforcer le lien

- Sensibilisez votre équipe, afin que tout le monde reconnaisse vos meilleurs consommateurs

- Si consommateur important : désigner un point de contact personnel

- Exploitez la reconnaissance de votre marque : offrez des primes pour être un partisan convaincu sur les sites de réseau sociaux ou pour recommander de nouveaux clients

Gardez à l'esprit : Lorsque vous avez pris soin de motiver un mécène pour qu'il finisse par soutenir une marque de chant, traitez-le comme un véritable VIP pendant les périodes de minorité où il cherche du soutien. La combinaison d'une maintenance réduite, de rendements élevés et d'une valeur commerciale permet une organisation facile et gratifiante.

Il est crucial d'obtenir leur contribution et aussi leurs réponses et de les inclure dans la procédure de décision d'une entreprise. Si une entreprise souhaite se développer, elle doit mettre l'accent sur des clients dédiés

Le dormeur

Un propriétaire de compte (principalement) inactif, avec peu de connexions récentes et aucune acquisition en cours. Lorsque les services mesurent la fidélité des clients, l'inertie du dormeur est facilement mal interprétée. Ils repèrent les accès de longue date dans leurs données et aussi, négligeant leurs logins presque inexistants et leurs investissements réduits, les classent sous "dévoués".

Le Sleeper ne demande pas beaucoup de renseignements, il peut être indétectable. Les seules raisons pour lesquelles elle est toujours là sont son incertitude quant aux choix à faire ainsi que le fait que la modification suggère l'initiative. Si ce n'est pas le cas actuellement, à un moment donné, elle partira en silence pour les concurrents s'ils l'encouragent avec un accord respectable.

Traiter avec

- Se concentrer sur l'éveil

- Creuser avec des informations sur les acquisitions et les conversations pour découvrir ce qui l'a encouragée à se racheter quand elle l'a fait

- Tendre la main via son contact privilégié avec la chaîne et être également proactif : offrir un soutien individualisé et aussi récupérer des réductions

L'Amiable

Le type de client Amiable est quelqu'un qui est très doué et sympathique pour développer des partenariats avec d'autres personnes. Les amiables sont calmes, agréables, mais aussi extravertis.

Ils permettent par exemple de développer un lien personnel avant de faire un choix commercial. Parce qu'ils sont très compatissants, ils sont en outre de merveilleux auditeurs. Les Amiables aiment demander des renseignements personnels pour mieux vous connaître.

La difficulté des Amiables est qu'ils sont extravertis et très faciles. Ils sont excellents avec les gens, et aussi ils sont simples à accepter. Ils sont très emphatiques, ce qui fait d'eux d'excellents joueurs d'équipe. Ils restent à l'écart des conflits, ce qui en fait à la fois la dureté et le point faible (ils peuvent ne pas s'affirmer et se retenir).

Comment offrir à Amiables ?

Développez un lien personnel - Amiables aime créer des partenariats avec d'autres personnes, alors approchez-les avec un esprit aussi chaleureux qu'amical. Ils recherchent des partenaires crédibles, alors assurez-vous qu'ils se sentent vraiment en sécurité et à l'aise avec votre entreprise.

Travailler comme conseiller individuel - ce genre de client apprécie d'avoir quelqu'un pour l'aider dans un processus de décision détaillé. Agir en tant que vendeur de quartier sympathique et les guider dans la procédure de prise de décision.

Donnez-leur une garantie individuelle. Les Amiables ne prennent pas de risques, donc leur garantir qu'ils peuvent obtenir un remboursement lorsqu'ils ne sont pas satisfaits (ou qu'ils peuvent résilier sans frais) peut être un excellent moyen de les pousser dans la voie de la conversion.

Montrer de l'intérêt pour leurs demandes - demander beaucoup de renseignements - c'est un signe clair de votre inquiétude et de votre attention, et c'est ce que les Amiables apprécient.

Comment traiter les Amiables dans le cadre du service à la clientèle ?

Soyez agréable et chaleureux - Amiables aime développer des partenariats avec les personnes sur lesquelles ils comptent, donc apportez beaucoup de chaleur, de persistance et de gentillesse.

Poser de nombreuses questions - leur poser des questions approfondies sur leurs problèmes (même si ces questions s'écartent un peu du sujet) révèle que vous vous souciez de fournir la meilleure option possible.

Les bavardages sont autorisés - comme les Amiables sont très amicaux et aiment aussi bavarder, vous pouvez faire un peu de bavardage ici. Cela aidera ces consommateurs à se sentir encore plus à l'aise, mais il ne faut pas en faire trop, c'est encore du service !

Clients d'impulsion

Les consommateurs impulsifs sont les meilleurs consommateurs à qui vendre des produits et ils constituent le deuxième segment le plus intéressant (après les consommateurs spécialisés) sur lequel se concentrer. Les clients impulsifs n'ont pas de liste de souhaits spécifiques en tête, de même que les objets d'acquisition spontanément. En outre, les clients impulsifs sont généralement réceptifs aux recommandations sur les produits.

S'occuper de ces clients est un obstacle car ils ne recherchent pas particulièrement un article et veulent que le vendeur affiche devant eux tous les articles avantageux qu'ils ont dans leur compte afin qu'ils puissent acheter ce qu'ils aiment sur cet écran. Si les clients impulsifs sont traités de manière appropriée, il est fort probable que ces clients soient responsables d'un pourcentage élevé de marketing.

Comparable à l'économe, l'impulsif peut être une variation de divers autres types de clients ou un animal extrêmement spécial. Si l'on considère que presque 100 % des acheteurs sur Internet font un achat impulsif à un moment donné, on peut supposer sans risque qu'elle est plutôt typique, quoi qu'il en soit.

Sa tendance à agir par impulsion est généralement accompagnée d'une légère impatience. Vous verrez qu'elle passe peu de temps entre l'entrée du site et la sortie des caisses. Elle est la bienvenue car elle s'engage dans des dépenses inattendues mais n'a pas l'intention de dépenser en plus (c'est bien pour vous !).

Elle sera parfois à la hausse, mais elle peut encore être établie pour obtenir un prix et un produit particuliers. Mais étant donné qu'elle est plus encline à ignorer les dangers et les détails, elle peut également être sensible aux stratégies de vente. Les chances sont que vous gagnerez vous-même une cliente dévouée si vous ne la trompez pas sur la méthode.

Comment gérer exactement

- Fournir des réponses rapides, de préférence en temps réel
- Soyez concis dans votre discours
- Souligner les quelques informations essentielles
- Expliquer les motivations pour obtenir maintenant
- Faciliter et accélérer le passage à la caisse

- Proposer un bulletin d'information électronique contenant des informations sur les produits, les taux de réduction, etc.

Les clients de Retarget Impulse sont en deuxième position après les clients fidèles dans la génération de revenus de vente. Tenir ces clients au courant des nouveaux produits offerts contribue grandement à améliorer la productivité d'une entreprise.

Taux d'escompte Clients

Les clients à prix réduit jouent un rôle essentiel dans l'inventaire ultérieur d'une entreprise. C'est pourquoi les clients à prix réduits sont un facteur vital pour le capital d'une entreprise. Ce type de consommateurs achète rarement des articles au prix complet et recherche également les meilleures réductions.

Lorsqu'ils bénéficient de réductions de prix sur des articles normaux ainsi que sur des articles de marque ou qu'ils n'obtiennent que des articles à prix réduit, les consommateurs de taux de réduction sont également des visiteurs constants du site, mais ils ne sont qu'une partie du service. Plus la réduction est importante, plus ils ont tendance à acheter. Ces clients appartiennent principalement aux petites industries ou aux marchés qui se concentrent sur des investissements financiers faibles ou peu élevés sur des articles. Il est également essentiel de se concentrer sur ces types de clients, car ils représentent une part importante des revenus de l'organisation

Les consommateurs à bas prix résistent à la vente incitative, constituent généralement le segment de consommateurs le moins dévoué et continuent généralement à pratiquer des réductions bien meilleures.

Le touriste

Contrairement à sa variante réelle, le touriste est difficile à identifier en ligne. Elle n'a pas de compte (ni de bâton d'égoïste dans la main) et vous pouvez la découvrir partout sur votre site. Vous l'identifierez par une circulation relativement arbitraire des pages web consultées si quelque chose se passe.

Sa résistance à des développements bien intentionnés peut faire passer ce type de client pour de la kryptonite pour n'importe quel type de vendeur. Par défaut, elle dit qu'elle "regarde simplement", même si elle ne sait pas, ne reconnaît pas ou ne sait pas exactement ce qu'elle cherche.

Cependant, tout espoir n'est pas perdu du fait qu'elle est normalement là pour une raison quelconque et qu'elle est probablement prête à investir de l'argent si elle trouve quelque chose qui vaut la peine d'être acheté. Elle ne souhaite tout simplement pas subir de pression.

Comment gérer

" Le mot "Just looking" est généralement synonyme de "do not press me", alors soyez prudent

Acceptez les réserves mais motivez davantage la communication en lui rappelant les avantages de l'ouverture (par exemple : "Super, si vous avez une question quelconque, n'hésitez pas à me la poser. Je me ferai un plaisir de vous aider à trouver le produit qui répond à vos besoins et qui s'inscrit dans votre plan de dépenses").

Poser des questions bénignes qui ne pénètrent pas directement dans ses objectifs peut cependant permettre d'engager une conversation (par exemple : "Cherchez-vous seul ou pour quelqu'un d'autre ?").

Traiter un mélange d'aide directe et de perspective de licenciement (par exemple : "Si vous m'informez de ce que vous recherchez, je peux vous orienter dans les instructions idéales pour que vous n'ayez pas à passer du temps à le chercher".

Faites référence à des offres spéciales (pas de problèmes compliqués) comme apéritif de solution, puis reculez poliment.

L'économe.

Votre acheteur classique à prix réduit qui aime tout simplement conclure une affaire. Il est évident que n'importe quel type de client peut momentanément devenir un chercheur de réduction de prix ou de valeur économique. Notre Economique, néanmoins, est toujours à la recherche de l'ultime aubaine.

Attendez-vous à la découvrir sur vos pages de vente et de FAQ, où elle recherche des informations concernant à la fois vos articles et les conditions (tarifaires) spécifiques à leur acquisition. Son objectif dans plusieurs demandes de solutions est de faire en sorte qu'une affaire soit réelle ou de demander encore plus de moyens pour réduire la dépense.

Si cela semble peu attrayant, elle est aussi souvent une cliente prospère, car faire de bonnes affaires peut être bien plus important pour elle que ce qu'elle finit par dépenser. On peut la trouver souvent et remplir son panier à ras bord d'articles en solde.

Comment gérer.

Informez-la sur les projets de rabais et orientez-la vers les produits à prix réduits.

Proposez d'envoyer régulièrement des mises à jour concernant les futurs taux de réduction et aussi les ventes par le biais du canal privilégié (utilisez-le comme leurre pour augmenter la liste de contrôle de votre newsletter).

Le marketing basé sur la valeur - puisque les produits ayant une excellente valeur monétaire peuvent être comparés à des produits réduits.

Remarque : soyez prudent lorsque vous répondez aux demandes d'acheteurs à taux réduit qui n'ont aucun engagement (mauvais ou pas d'historique d'acquisition, pas de compte, des visites régulières, qui vont constamment directement sur les pages web de vente et de réduction de prix) mais qui veulent cependant toute l'attention (nombreuses questions d'assistance). Appelons-les des "Scrooges" - et ne gaspillons pas non plus nos ressources pour eux.

L'expressif.

Les Expressifs sont des clients de type émotionnel. Ils débordent d'énergie positive, jappent et aiment aussi se concentrer. Ils ont également un sens de l'humour fantastique, ils répandent une énergie favorable en eux.

La principale difficulté des Expressifs est qu'ils sont très amicaux. Ils sont très extravertis (un peu comme les Amiables), mais sont beaucoup plus charismatiques, convaincants et enthousiastes.

Les points faibles des Expressives peuvent dépendre de leur absence de compagnie : elles sont souvent débridées, bavardes et ne se concentrent pas sur leurs objectifs.

Comment offrir aux Expressifs ?

Discutez de la manière exacte dont ils bénéficieront de votre service ou produit - concentrez-vous sur la révélation de certains cas, par exemple une étude. N'existez pas trop d'informations - Les expressifs préfèrent les exemples de la vie réelle.

Viser un partenariat durable - tout comme Amiables, Expressives a l'intention de construire une collaboration de confiance. Veillez à les traiter comme des compagnons potentiels durables plutôt que comme un client unique.

Parlez en vous basant sur votre expérience. Ces consommateurs sont sociables et méritent l'opinion des autres, alors n'hésitez pas à partager vos réflexions sur ce qui est le mieux pour eux.

Montrer des preuves sociales - puisque les Expressifs réfléchissent beaucoup à l'impact de leurs décisions sur les autres, ils sont aussi commodément convaincus par des remèdes qui ont profité à divers autres clients.

Comment traiter les Expressifs dans le cadre du service à la clientèle ?

Laissez-les souffler la vapeur. Les explosifs ont beaucoup d'énergie, alors ne les empêchez pas de la libérer (surtout quand ils sont fous). Une fois qu'ils ont terminé, ils règlent le problème par le salaire.

Soyez compatissant, révélez leur que leur problème est le vôtre. Utilisez des déclarations comme "Je peux comprendre combien il est ennuyeux quand ..." pour leur révéler que vous reconnaissez leurs émotions que vous avez l'intention d'aider.

Préparez-vous à un haut degré de puissance... c'est exactement comme ça que sont les Expressifs. N'interprétez pas mal leur vapeur, surtout si vous êtes une personne à faible niveau d'énergie.

Il est simple de développer un lien avec les Expressifs en faisant correspondre leur attitude amicale.

Le scientifique.

Ce type de client indépendant fait de nombreuses recherches avant chaque achat et n'hésite pas à montrer ses connaissances. Elle aborde les articles de manière analytique et part du principe que pour chaque article, il y a un seul meilleur producteur et un seul meilleur endroit pour l'acheter, à un prix idéal unique.

Le scientifique passe beaucoup de temps sur diverses pages de votre site pour comparer les spécifications des articles ainsi que les réponses aux questions les plus fréquentes avant de s'occuper de l'assistance à la clientèle. Elle est positive, attentive et exigeante. Vous pouvez vous attendre à des préoccupations sophistiquées sur les conditions et aussi sur les objets.

Plutôt que des méthodes de vente, ce type de client n'accepte que des faits et aussi des données. Elle pourrait également vérifier vos remarques et vos offres. Mais une fois que vous l'avez convaincue, le scientifique est un client exceptionnellement dévoué.

Comment s'en occuper.

- Faites des déclarations claires, fiables et également éprouvées.
- Établir des hypothèses réalistes (ne pas hésiter à admettre que lorsqu'un produit ne soutient pas sa fonction préférée, c'est une bonne façon de développer la dépendance).

- Soutenez de manière proactive les détails avec des informations sur les études de recherche, des critiques respectables et des contrastes.

- Programmez-lui le pourquoi et le comment de votre défaite contre vos rivaux, mais ne craquez pas contre eux.

- Empêcher l'éducation et l'apprentissage, ainsi que la vente basée sur des valeurs, pour ne pas l'ennuyer.

L'impolitesse.

Un comportement qui est en sommeil chez tous les types de clients, il est généralement subtil, même s'il est typique. L'impolitesse se présente sous différentes formes, mais aussi sous d'autres formes.

Elle peut avoir l'intention de vous inciter à agir et à appliquer le pouvoir, peut avoir l'intention de se défouler, peut manquer de bonnes manières ou peut être une communicatrice maladroite qui ne suggère aucun mal. Mais sous chacune de ces expressions d'impolitesse, il y a une détermination à obtenir.

Juste comment gérer.

- Reconnaître le manque de respect : il est souvent considéré comme un délit mineur et peut provoquer la mauvaise humeur, une baisse de la performance et un cadre de supposition négatif.
- Ne le prenez pas directement.
- Gardez votre sang-froid (comme un stoïcien), identifiez les signes de colère, prenez de la distance.
- Creusez profondément et prenez soin de l'inquiétude qui se cache derrière ce comportement discourtois.

Attention à l'obscurité (par exemple, de brèves réactions peuvent être perçues comme irrespectueuses même si leur cerveau est simplement actif ou pressé).

Attribuer l'autorité pour les choix difficiles.

Comme dernier espoir, rejeter la solution.

Les agresseurs

Ce que j'ai appelé un groupe de super-héros devenu rebelle reste en réalité un ensemble de consommateurs indésirables : le raciste, le sexiste, le flirteur, le traînard ou l'agressif pur et dur.

Ils sont moins habituels que les Rude, mais pas aussi rares qu'on pourrait l'espérer. Tout au plus, ils s'intéressent secondairement à l'achat. Les Agresseurs menacent au moins d'être considérés comme tels si cela est également condamnable.

Comment gérer exactement

- Prenez position, mais n'essayez pas de les informer ou de leur faire honte, car cela ne fera que renforcer le placement de la personne persistante
- Quitter les actions négatives en cours, afin que la solution puisse se faire dans le respect de la dignité des deux parties
- La réponse par rapport à la préoccupation, et non par rapport à l'individu
- Leur conseiller de se concentrer sur le service
- Comme dernière ressource, coupez la conversation

Types de clients selon une perspective de vente

Vous pouvez diviser vos clients en équipes en fonction de leur position dans l'entonnoir de vente. Vous passez d'une personne qui ne fait que regarder et ne pense pas à faire un achat à une personne qui est fan de votre marque depuis toujours et qui reviendra toujours pour en avoir plus.

En vous fiant à la quantité d'argent qu'ils ont investie dans votre entonnoir de vente, vous devrez certainement répondre à leurs besoins et à leurs demandes d'une manière un peu différente.

Vous devez prendre en considération la raison pour laquelle quelqu'un obtient de vous. Cela transformera également un peu la conversation et peut vous aider à mieux relocaliser un client qui est encore sur la barrière en aval du canal et à le transformer en un fan dévoué.

Voici cinq types de consommateurs orientés vers la vente que vous rencontrerez certainement.

Consommateur potentiel - Le Paul potentiel

Le Paul potentiel est une sorte de client qui se trouve au tout début de votre entonnoir de vente. Techniquement, Paul n'est pas votre client. Vous devez leur donner le traitement complet et, idéalement, le changer rapidement.

Paul Potentiel est une piste qui doit être nourrie et aussi chauffée avant de faire un choix d'achat. Il a actuellement fait preuve d'une certaine passion au sein de votre organisation, soit en remplissant un formulaire de contact, soit en s'inscrivant à un bulletin d'information ou en posant une question à l'aide de votre outil de chat en ligne

Ce taux d'intérêt est ce qui distingue Paul des autres visiteurs du site Internet. Vous pouvez vous servir de cette étincelle de passion pour le transformer en client payant. C'est bien plus efficace que de bombarder de tapis tous les visiteurs de sites Internet avec des offres.

Exactement comment traiter avec Paul potentiel :

Programmez-le en valeur : Vous pouvez maximiser sa passion en lui montrant clairement ce qu'il peut tirer de votre objet. Vous pouvez le faire vous-même ou le diriger vers une source comme une page de renvoi ou une étude de cas qui le fera certainement pour vous.

Exposez-vous : Veillez à ce que le client potentiel comprenne qu'il peut demander de l'aide ou des conseils à tout moment. Même si le client n'en aura pas besoin immédiatement, il appréciera l'affaire.

Nouveau client - Nouveau Neil

New Neil est le nouveau client qui a tout simplement obtenu quelque chose de vous. Il est encore en train de découvrir les ficelles de l'utilisation de votre objet. Vous devez faire tout ce qui est en votre pouvoir pour que cette durée d'accueil se déroule sans heurts.

Bien que vous ayez déjà fait une vente, vous ne pouvez pas quitter Neil sans aide. S'il ne l'obtient pas, il risque de ne pas avoir beaucoup de succès avec votre objet. Le moment que vous économiserez en n'assistant pas Neil sera moins bénéfique que la future organisation qu'il pourrait apporter.

Vous pouvez vous assurer que cela ne se produise pas avec une personne appropriée à bord. Après que quelqu'un a acheté votre produit, vous devez le guider et lui révéler comment l'utiliser.

Comment traiter avec New Neil :

Guidez-les vers le succès : Vous pouvez faire un client durable en investissant un peu de votre temps pour expliquer le fonctionnement de votre produit et veiller à ce que le nouveau client comprenne comment l'utiliser. Vous pouvez le faire avec un processus d'embarquement adéquat.

Laissez une option de contact ouverte : Même si vous utilisez un système d'embarquement automatique pour les clients, vous devez disposer d'une option d'assistance à la clientèle en ligne. Il sera certainement très utile dans les cas où un client a une question qui n'est pas couverte par l'embarquement.

Client spontané - Iggy l'impulsif

C'est le genre de client qui peut faire un choix d'acquisition dans l'immédiat, à condition que les conditions soient réunies.

Vous voyez, il n'est pas nécessaire de convaincre Iggy pour faire un achat. Vous n'avez pas besoin de chauffer cette piste avec trop de recommandations valables.

Ce dont Iggy a besoin pour acheter quelque chose est un moyen simple et clair de le faire. Moins il y a d'étapes, plus les possibilités qu'un consommateur comme Iggy achètera sont grandes.

Dégagez la voie pour Iggy et supprimez toute diversion qu'il pourrait rencontrer pour vous assurer que vous ne gâcherez pas cette impulsion d'achat quand elle se présentera.

Exactement comment faire face à Iggy l'impulsif :

Dégagez la voie pour passer à la caisse : Assurez-vous que personne n'a besoin d'un manuel pour acheter sur votre site web. Moins il y a de clics et moins il faut d'informations pour acheter, mieux c'est.

Une assistance rapide et succincte : Si vous recevez une question d'Iggy, faites en sorte que la réponse soit courte. Vous devez également donner l'action rapidement.

Réduction de prix client - Discount Dan

Taux d'escompte Dan est le genre de client qui voit de la valeur dans votre objet mais ne l'achète pas à plein tarif. Il est pratiquement difficile de vendre votre article à Dan.

Dan recherche généralement des détails supplémentaires sur les problèmes spécifiques de l'accord ou de la réduction que vous proposez. Vous pouvez l'aider en clarifiant l'offre et ce qu'il doit faire pour l'utiliser.

Une fois l'offre épuisée, il est difficile de maintenir Dan en tant que consommateur. Dan partira généralement dès que la réduction cessera d'être utilisée si vous fournissez un service à un prix abordable. Pour augmenter vos chances de garder Dan comme client, vous devez lui montrer que non seulement il obtient un produit à un prix réduit, mais qu'il bénéficie également d'un service clientèle incroyable grâce à son acquisition.

Vous devez donner une valeur ajoutée qui fera reconsidérer Dan avant de passer à une autre entreprise.

Comment gérer Discount Dan :

Discutez du marché : Fournissez tous les détails essentiels sur l'accord pour éviter tout type de confusion. Dan peut également avoir besoin d'aide pour obtenir un code de réduction ou utiliser un coupon de réduction, alors assurez-vous que votre groupe reconnaît les informations de l'offre.

Offre incluant la valeur : Pour vous assurer que Dan procède en étant un de vos consommateurs, vous devez dépasser votre offre initiale. Ajoutez la cerise sur le gâteau en plus de l'offre. Quelque chose qu'ils ne peuvent pas obtenir ailleurs. Un excellent service à la clientèle peut être l'un de ces avantages qui vous aidera certainement à garder Dan comme client.

Un client dévoué... Loyal Larry

Ce type de clients revient toujours pour en avoir plus. En plus d'avoir une influence significative sur vos profits, Larry sera également l'ambassadeur de votre marque.

Larry et aussi des clients comme lui vous aident à grandir grâce au bouche à oreille. Il recommandera certainement votre organisation ou votre article à ses proches, envoyant ainsi votre méthode à un flux de clients tout à fait nouveaux.

Vous devez essayer d'utiliser son expérience et de découvrir ce qui le rend si satisfait de votre entreprise. Lorsque vous en aurez l'occasion, demandez à Larry quel aspect de votre produit ou de votre entreprise il préfère. Gardez à l'esprit et essayez également de reproduire cette expérience pour vous assurer que d'autres consommateurs peuvent devenir les ambassadeurs de votre marque.

Comment s'occuper de Loyal Larry

Donnez-lui un système : Vous pouvez aider Larry à répandre l'amour et à le faire fonctionner dans une étude de cas. Un peu de preuve sociale comme celle-là rendra certainement vos pages de touchdown beaucoup plus attrayantes pour les consommateurs éventuels.

Tirer les leçons de son expérience : Voyez ce qui a transformé Larry en un adepte dévoué et assurez-vous que cela se produit régulièrement avec d'autres clients.

Ne pas tout gâcher : Quoi que vous fassiez, veillez à ce que Larry reste enthousiaste face à votre produit et à votre service.

Types de clients en fonction du comportement des consommateurs

Les clients sont un élément essentiel de tout type d'entreprise. Aucune entreprise dans le monde ne peut s'en sortir sans les consommateurs. Les clients sont les seuls à pouvoir contrôler le succès réel de tout type de service. Par conséquent, ils sont les véritables patrons de toute entreprise. Il est extrêmement crucial pour une organisation de comprendre les besoins de ses clients, de satisfaire leurs exigences et de les conserver. Parallèlement, ils doivent s'occuper des techniques permettant d'atteindre de nouveaux clients. Avoir de plus en plus de clients est la seule méthode pour développer une entreprise. Les entreprises doivent découvrir des concepts innovants pour attirer les consommateurs.

Pour ce faire, il est extrêmement essentiel de comprendre les consommateurs, leurs besoins, leurs mentalités, leurs plans budgétaires, etc. Il est donc important de déterminer et de diviser les différents types de consommateurs et de les répartir en différents groupes, afin de pouvoir adopter des approches appropriées pour les gérer, car chaque consommateur est utile aux entreprises.

Avant de plonger dans les différents types de clients. Essayons de comprendre les différents besoins d'un consommateur. Une entreprise doit stimuler la faim chez un client pour obtenir ses produits particuliers. Pour ce faire, l'entreprise utilise différentes méthodes telles que la publicité, l'association de célébrités, les rabais et les articles gratuits pour inciter un consommateur à acheter son produit. En fin de compte, le besoin du client est le chauffeur du choix d'acquisition du produit par le client.

Le respect de ces règles est une chose que les consommateurs recherchent avant d'acheter un produit.

1) Le prix : Le taux de l'article est la première chose que près de 80% des clients regardent avant d'acheter un article. Parce que chaque consommateur a son propre plan budgétaire et qu'il a normalement tendance à dépenser dans le cadre de ce plan, à moins d'obtenir une qualité étonnante.

2) L'expérience : De nos jours, tout le monde est occupé et souhaite acheter des points rapidement disponibles. De plus, il existe de nombreuses

alternatives pour un article particulier. Il est essentiel de rendre l'expérience d'achat ainsi que la qualité de l'article superbe. Ils ne se déplacent pas vers d'autres produits divers.

3) La conception : Le design de l'objet doit être accrocheur.

4) Fonctionnalité : Le produit doit avoir toutes les performances qu'un consommateur attend lors de l'achat d'un produit.

5) La commodité : Le produit et les services doivent être pratiques pour le client, sinon il n'achètera pas l'article.

6) Fiabilité : Le produit doit avoir une bonne réputation et répondre aux besoins du client à chaque fois.

7) Compatibilité : L'article doit être compatible avec les divers autres articles que le client utilise déjà.

Le respect de ces règles est une liste de contrôle des différents types de clients.

Consommateurs basés sur les besoins :

Ces consommateurs n'achètent que des produits spécifiques lorsqu'ils en ont besoin. Ils n'ont normalement pas besoin d'un assistant pour sélectionner un produit car ils ont généralement une expertise concernant l'article qu'ils veulent acquérir.

Comme il y a de fortes chances qu'ils déclinent la discussion. Ce type de clients est facilement attiré par les diverses autres organisations. Le meilleur moyen d'approcher un client en fonction de ses besoins est d'entamer une interaction individuelle. Les consommateurs en situation de besoin peuvent être échangés contre un client dévoué si on leur fournit une solution suffisante et bonne.

Des clients fidèles :

Ces types de consommateurs sont extrêmement cruciaux pour une entreprise. Habituellement, ce secteur de clients est peu important et ils représentent à peine 20% de la clientèle totale, mais ils sont tenus de produire la part maximale du revenu total de l'entreprise.

Il est suggéré d'inclure ces clients ainsi que de prendre leur avis dans la décision cruciale - la production de l'entreprise. Il convient d'assurer un suivi en temps utile de ce type de consommateurs et d'écrire. De même que répéter exactement la même chose avec d'autres consommateurs pour les transformer en clients fidèles. Valoriser l'association de clients fidèles avec l'entreprise et leur donner une plate-forme et aussi les reconnaître.

Vous pouvez par exemple les publier sur votre page web de réseau social. Faites des efforts pour garder vos consommateurs dévoués, mais n'exagérez rien, sinon vous risquez de les perdre pour toujours.

Consommateurs de taux d'escompte :

C'est le genre de clients qui n'acquièrent jamais un produit au tarif complet. Ils cherchent constamment à obtenir une réduction de prix sur le produit qu'ils souhaitent acheter. Ces clients ne recherchent jamais rien à vendre. Ces types de clients constituent la plus grande partie des consommateurs globaux d'une entreprise. Les consommateurs qui réduisent les prix sont les moins dévoués et ils continuent facilement à obtenir de meilleures offres de la part de quelques autres entreprises.

Ces types de consommateurs sont précieux pour faire connaître l'inventaire de l'entreprise. Ces consommateurs peuvent être réprimés en fournissant des services de qualité, ce qui permet à une entreprise de garantir ses possibilités de les garder comme clients.

Des clients impulsifs :

Le segment des clients impulsifs est un secteur de bonus pour tout type de service, car ces clients ne font pas leurs achats en fonction de leur demande ou en raison d'une vente en cours. Les achats de ces types de clients sont fortement influencés par leur humeur actuelle. En général, ils ont tendance à acheter un article si, au moment de l'achat, ils le découvrent grand et précieux à ce moment-là.

La gestion de ces types de consommateurs est une tâche difficile car ils veulent toujours une aide rapide et rapide pour tous les produits utiles disponibles auprès du fournisseur. Ils sont surtout attentifs aux orientations proposées. Le célèbre exemple de ce type de clientèle est celui d'une femme qui achète des points de décoration intérieure. Le moyen efficace de garder ces clients est de leur proposer des offres sur les produits. Cette approche permet d'augmenter les revenus à long terme d'une entreprise.

Les clients potentiels :

Les consommateurs potentiels ne sont pas encore vos clients, mais ils ont simplement besoin d'un peu de conviction et d'aide pour acheter. Ces types de consommateurs ont besoin d'un peu d'inspiration et d'intérêt avant de se procurer votre produit. Pour prendre soin de ces clients, vous devez leur montrer une certaine valeur et les aider en leur fournissant des informations sur les produits qui les intéressent.

Il y a de fortes chances qu'ils puissent échanger un client régulier ou dévoué. Tous les consommateurs qui se promènent dans l'allée du magasin ne seront pas des clients potentiels. Les consommateurs potentiels offrent généralement des indicateurs sur leur taux d'intérêt pour votre organisation en demandant des renseignements ou en soumettant des types d'appels.

De nouveaux consommateurs :

Un nouveau client est celui qui a simplement acheté quelque chose pour la première fois chez vous. Néanmoins, il a acheté cet article pour la toute première fois et il est novice dans son utilisation. C'est le bon moment pour que vous leur fournissiez un assistant et leur donniez des explications sur la manière d'utiliser cet article. Ce faisant, vous pouvez rendre vos relations avec le client et aussi le convertir en un consommateur loyal.

Vous pourriez vous défaire d'un consommateur loyal pour toujours si par opportunité vous le mettez en colère de quelque manière que ce soit. Donner des conseils appropriés et laisser un choix d'appel ouvert est le moyen idéal pour traiter avec ce type de clients.

Les clients errants :

Cette catégorie de clients est celle qui obtient le moins d'organisation pour une entreprise. Ces consommateurs n'ont pas d'exigences spécifiques et ils entrent dans le magasin attirés par le cadre de celui-ci. Ce type de clients aime surtout la communication sociale et ils vous demanderont aussi de leur faire part de vos préoccupations concernant les articles arbitraires, tout en vous révélant un taux d'intérêt faible ou nul pour leur achat. L'un des exemples les plus courants de ce type de consommateurs est une équipe d'étudiants universitaires qui s'inquiètent de la consommation de temps dans les centres commerciaux. Ils se rendent dans n'importe quel magasin et posent des questions sur les articles choisis au hasard. Vous ne devriez jamais y consacrer beaucoup de temps. Toutefois, en leur fournissant des informations pertinentes, on peut les transformer en futurs clients potentiels.

Une organisation doit se concentrer sur le client spécifique. Différentes méthodes doivent être adaptées pour convertir d'autres types de consommateurs en consommateurs fidèles.

COMMENT OBTENIR DE NOUVEAUX CLIENTS POUR VOTRE ENTREPRISE

Gérer sa propre entreprise peut être difficile, mais en fait, obtenir des clients pour maintenir son entreprise à flot ? Dans l'article d'aujourd'hui, je partage des techniques approfondies qui vous aideront certainement - haut la main - à obtenir plus de clients pour votre entreprise de services.

En tant qu'entrepreneur, vous êtes sans aucun doute très conscient que votre clientèle est le moteur de votre entreprise. Un flux constant de nouveaux consommateurs vous permet de développer votre activité et de répondre à la vision de votre entreprise.

Farzana Irani, ancienne participante au Forum OPEN dans le quartier, réalise la valeur d'une base de clients solide pour toutes les petites entreprises, y compris les entreprises virtuelles.

C'est pourquoi le professionnel du Web de iAdControl.com/Fuzzworks UK a récemment interrogé la région : "Quelle est votre meilleure méthode pour créer une base de clients pour votre entreprise en ligne ?

Que vous soyez dans la vente et à la recherche de nouveaux clients ou que vous soyez un indépendant à la recherche de nouveaux clients, vous devez comprendre comment attirer des clients potentiels dans votre entreprise. Si l'essor d'Internet au cours des deux dernières décennies a en fait changé à vie la manière dont l'organisation est faite, les principaux spécialistes reconnaissent que pour obtenir de nouvelles pistes et aussi pour garder les clients, il faut un mélange d'anciennes et de nouvelles stratégies.

Voici mes méthodes préférées pour le faire :

les techniques de télémarketing

Appeler des clients potentiels dans une proposition pour gagner de nouvelles affaires est une chose que beaucoup de start-ups doivent faire pour développer une base de consommateurs. Connue sous le nom de "cold calling" ou télémarketing, cette pratique a acquis une mauvaise crédibilité en tant que stratégie publicitaire et marketing peu recommandable. Utilisée avec minutie et dans le respect des exigences légales, la "cool calling" est une méthode efficace que beaucoup d'entreprises décentes utilisent. Il vous permet de parler directement aux clients afin de développer une connexion et vous permet également d'établir davantage de contacts en vue de garantir une vente.

Réglementation de la prospection téléphonique et du télémarketing sortant

L'appel de vente n'est pas illégal - n'importe quel type d'entreprise peut nous contacter en ligne pour voir si un client souhaite que ses produits fassent l'objet d'une publicité. L'accent est mis sur le "direct" : l'appel doit être passé par un individu en temps réel, plutôt que d'utiliser des composeurs automatiques qui appellent de nombreux numéros et qui raccrochent lorsque quelqu'un répond.

Le règlement de 2003 sur les appels à froid vous interdit de passer des appels de télémarketing :

Une personne a révélé un choix et a également fait savoir qu'elle ne voulait pas recevoir d'appels de vente ; et aussi

Les exigences légales en matière d'appels "cool" sont compliquées, mais TPS a, espérons-le, facilité la tâche des consommateurs - et aussi des organisations - pour mettre fin aux appels "cool" aux clients qui n'en veulent pas, comme l'explique ce clip vidéo. Vous trouverez ici nos idées d'appel sympa pour rendre l'expérience positive pour vous et pour la personne que vous appelez.

1. Recherchez votre marché

Réduisez le tourment du télémarketing sortant et augmentez radicalement votre taux d'action en n'appelant que votre marché cible. Si vous appelez une autre entreprise, utilisez des techniques d'étude de marché pour reconnaître votre public ainsi que pour étudier les consommateurs avant de décrocher le téléphone - c'est particulièrement important.

Avoir la possibilité de parler des difficultés et des besoins de leur entreprise lorsque vous appelez, par exemple, permet de développer rapidement la relation et révèle également que vous avez fait vos recherches. Il n'y a absolument rien de pire que de recevoir un appel d'une organisation qui semble ne pas savoir ce que vous faites ni où elle peut vous aider à répondre à vos besoins.

2. Concentrez-vous sur vos objectifs de télémarketing

Déterminez ce que vous voulez réaliser avec votre appel, et établissez également une liste de contrôle claire des objectifs. Beaucoup de gens pensent à tort que le télémarketing consiste à faire une vente rapide. Cependant, le fait est que la plupart des appels à froid réussis sont utilisés pour organiser des conférences de vente ou des rendez-vous pour présenter ou pour recueillir des détails qui vous permettent d'établir une relation avec des clients potentiels. Sachez précisément ce que vous voulez atteindre avant de décrocher le téléphone, et n'allez pas avec la vente rapide.

3. Connaître le meilleur moment pour passer un appel de vente

Stratégie de votre appel : identifier le jour et l'heure qui fonctionnent le mieux pour votre public cible. Avec les organisations, visez à appeler tôt le matin ou en fin d'après-midi. Pour les clients à domicile, le milieu de la matinée peut être le meilleur moment et éviter les nuits lorsque c'est possible.

Une étude de télémarketing montre que le mercredi et aussi le jeudi sont les jours les plus efficaces pour les appels à froid interentreprises. L'idéal est d'éviter le lundi en début de matinée, car le personnel est généralement en réunion ou planifie sa semaine, tandis que le vendredi en milieu de journée, l'équipe se prépare pour le week-end et s'intéresse moins à votre appel téléphonique. Il faut également éviter les périodes exigeantes et mouvementées pour les entreprises, comme la fin de l'exercice financier ou avant les grandes vacances comme Noël.

4. Préparez-vous à passer un appel de vente.

Le travail de préparation est primordial lorsqu'il s'agit d'une vocation cool. Il est préférable de faire preuve d'autant d'initiative pour se préparer à téléphoner que vous le feriez certainement pour une conférence ou une discussion en face à face. Sachez ce que vous voulez dire et aussi comment vous avez l'intention de vous représenter vous-même ainsi que votre organisation. Respectez ces idées afin d'être aussi bien préparé que possible :

Faites l'exercice de l'appel téléphonique cool avant de le passer - vous pouvez l'essayer sur des amis ou des membres du personnel et demander également un retour d'information honnête. De préférence, enregistrez sur vidéo vos appels de froid méthode et faites également jouer l'enregistrement pour entendre comment vous apparaissez. Le fait de faire un essai vous permet également de vous concentrer sur la personne que vous appelez, plutôt que de vous préoccuper de ce qu'il faut dire et aussi de la façon de le réclamer.

Adoptez une attitude favorable - elle fait une véritable distinction à votre apparence. Si votre voix reste agréable et analytique, vous aurez plus de chances d'obtenir le taux d'intérêt des gens.

Parlez clairement et aussi progressivement - cela laisse aux individus le temps d'affiner ce que vous dites. Il peut être séduisant de se précipiter dans un baratin de vente que l'on reconnaît par cœur, mais n'oubliez pas que votre client l'entend pour la première fois.

Tenez-vous debout lorsque vous téléphonez - plutôt que de vous laisser tomber dans un fauteuil de travail, la position debout peut vous aider à être plus alerte et à avoir plus d'énergie, ce qui aura un effet sur la personne à l'autre bout de la ligne.

Profitez-en : La préparation d'un appel téléphonique de télémarketing sortant réussi est une initiative, et Zone Marketing est une société britannique qui propose un clip vidéo utile sur la meilleure façon de planifier les appels téléphoniques à froid.

5. Connaître votre déclaration d'ouverture sur les appels à froid

Un appel téléphonique normal est une perturbation imprévue pour la personne à l'autre bout de la ligne, vous devez donc rapidement établir une raison pour laquelle elle doit vous parler. Reconnaissez par vous-même, votre entreprise, la raison de l'appel téléphonique et les avantages de vos articles ou de la solution fournie - après quoi posez une question au destinataire de l'appel téléphonique.

Ouverture de l'instance de déclaration : Vous pouvez passer un appel téléphonique avec une introduction très simple, comme "Hé, mon nom est (votre nom) de (nom commercial)". Nous aidons (le public cible) à (le problème que votre service ou produit résout) et je vous appelle aujourd'hui pour voir comment je peux vous aider".

L'idéal est d'éviter les questions banales et peu sincères telles que "Comment allez-vous aujourd'hui ?", et aussi de ne pas demander si "c'est le bon moment pour parler" car vous obtiendrez probablement une réponse négative. Personne ne veut écouter un discours de vente à sens unique, alors maintenez la composante qui vous concerne et qui concerne votre entreprise, et concentrez-vous également sur l'obtention de leur parler de la manière exacte dont vous pouvez les aider.

6. Abandonner le manuscrit sur le télémarketing

Travailler à partir d'un manuscrit peut être utile si vous êtes novice en matière de démarchage téléphonique, mais c'est immensément répugnant pour la personne à l'autre bout du fil. Revoir les lignes d'un script de vente peut sembler robotique, peu sincère et peu excitant - vous n'êtes pas vraiment en train d'avoir une conversation. Se préparer à énoncer le point suivant dans un scénario indique généralement que vous ne faites pas vraiment attention à ce que l'autre personne dit.

Au lieu d'utiliser un manuscrit, dressez une liste des facteurs à prendre en compte tout en restant ouvert à la discussion. Soyez flexible et écoutez les besoins de la personne que vous appelez au lieu de la renvoyer à votre manuscrit. Visez une discussion naturelle, attrayante et à double sens avec votre possibilité.

7. Poser de merveilleuses questions

La dure réalité des appels cool est que les personnes que vous appelez ne sont pas intéressées par vous ou votre entreprise. Ils ne veulent pas entendre à quel point vos services ou vos articles sont excellents, ni comment votre organisation dépasse la concurrence. Ils souhaitent des options à leurs problèmes.

Conquérez cette situation en posant beaucoup de questions pendant l'appel au lieu de vous lancer dans un discours de vente. En vous renseignant sur les problèmes auxquels votre prospect est confronté, vous pouvez personnaliser votre présentation.

Le fait de poser des questions ouvertes, telles que "Quoi ?", "Pourquoi ?", "Quand ?" et "Comment ?", encouragera certainement votre possibilité de donner des informations appropriées qui vous permettront d'identifier exactement comment votre service peut les aider. Fermez votre appel en demandant clairement ce que vous désirez, que ce soit une réunion de suivi, un rendez-vous pour faire un pitch ou une vente finale.

8. Soyez un expert

Soyez prêt à répondre à des questions approfondies concernant vos solutions et vos produits - en connaissance de cause et aussi en persuasion, garantissant la possibilité que votre entreprise soit la meilleure pour les aider. Le fait d'avoir une expérience du marché, du service cible ou du problème peut contribuer à renforcer la confiance en vous et en votre propre organisation.

9. Comment traiter exactement les objections

Vous vous familiariserez avec les moyens que les pistes tentent de vous faire utiliser après avoir passé quelques coups de fil à froid. Vous entendrez des arguments allant de "je ne suis pas intéressé" et "je suis trop actif" à "mettez-les par écrit" ou "envoyez-moi des informations".

Ne soyez pas dissuadé ou hostile. Gardez à l'esprit que votre appel téléphonique perturbe leur journée et qu'ils sont probablement actifs ou incapables de se décider.

En réaction, il suffit de demander et de reconnaître les demandes de suivi telles que "quel est le meilleur moment pour rappeler", "qui est la meilleure personne à qui parler" et aussi "pour être sûr d'envoyer l'information idéale, pouvez-vous me dire quelles sont vos exigences ?

En général, vous pouvez garder le prospect au téléphone et aussi participer à une conversation bénéfique qui vous aidera à présenter votre entreprise sur place et ensuite ou plus tard. N'oubliez pas de faire un suivi par un appel téléphonique ultérieur si vous en convenez.

10. Gestion des gardiens.

Déterminez à qui vous vous adressez ainsi que sa fonction si vous appelez une organisation. En règle générale, vous parlerez d'abord à un assistant plutôt qu'à un fabricant de choix. Surpasser ces gardiens peut être un défi - leur travail consiste à mettre fin aux appels téléphoniques inutiles qui font perdre du temps à leurs employeurs. La méthode la plus efficace est de les obtenir dans votre coin. Prenez le temps de découvrir leur nom, et obtenez qu'on leur parle. S'ils ne passent pas d'appels via, voyez s'ils vous permettent d'envoyer un courriel ou une lettre à la personne avec laquelle vous souhaitez parler.

Génération de prospects

Qu'est-ce qu'un prospect ?

Les prospects sont des personnes ou des services qui sont des acheteurs potentiels. Une piste de vente est reconnue par le marketing et la publicité, les références, les sites de réseau sociaux , le réseautage et aussi la sensibilisation, les essais de produits ou les rendez-vous. Un prospect ne devient pas un prospect tant qu'il n'a pas été certifié pour identifier son niveau de passion et son aptitude à devenir un consommateur potentiel.

De nombreux experts en vente n'ont pas l'assistance marketing nécessaire pour compter sur une circulation cohérente des prospects entrants, mais doivent néanmoins atteindre leurs quotas. La bonne nouvelle, c'est que la méthode des ventes à l'arrivée fournit de nombreuses méthodes pour répondre à cette exigence. Voici quelques moyens de commencer à créer des pistes entrantes de votre propre chef.

Les ventes entrantes sont un moyen de s'attacher et de s'identifier à des clients potentiels en tirant parti de la façon dont on pense à créer des partenariats avant que quelqu'un ne soit prêt à les obtenir.

De nombreux vendeurs efficaces pratiquent déjà une certaine forme de marketing des services. Ils savent que la vente consiste à prendre contact avec les problèmes de la possibilité, et non à conclure l'affaire. Il s'agit de laisser la possibilité de définir la rapidité de la procédure et d'offrir une éducation et des suggestions comme moyen de renforcer la confiance en soi et de dépendre de la possibilité. Cela permet à un client d'obtenir un produit simple et sans risque. Voici quelques moyens de le rendre fiable et évolutif par vous-même.

Oubliez votre article momentanément.

Vous pouvez le mettre en valeur, le connecter avec un petit arc et l'utiliser au mieux... Mais rien de tout cela ne pose problème.

Malgré le meilleur article du monde, votre service est destiné à cesser de fonctionner si personne ne le comprend.

Condamné à s'inscrire dans la variété croissante de start-ups qui s'effondrent et fondent dès leurs 5 premières années.

Ceux qui ont le plus d'avance gagnent. Simple.

Si vous générez plus de pistes, mais que vous avez un objet ordinaire, vous gagnez quand même.

Parce que les pistes indiquent encore plus de profits. De même que les profits suggèrent plus de profit (la majorité du moment).

Que vous dirigiez une entreprise à partir de votre résidence ou une grande organisation, votre objectif principal sera certainement d'obtenir toujours plus de consommateurs. Il n'est pas forcément difficile d'obtenir encore plus de clients, mais vous devez prendre certaines mesures pour obtenir des résultats efficaces.

Si vous avez l'intention d'obtenir encore plus de consommateurs et que vous êtes prêt à prendre le temps et l'initiative nécessaires pour y parvenir, vous devez ensuite vous lancer dans la constitution de listes

Qu'est-ce que la constitution de listes ?

Il s'agit de la procédure par laquelle vous produisez des clients potentiels pour votre entreprise. Vous mettez en œuvre des techniques de génération de prospects, pour présenter votre entreprise sous un jour nouveau.

La génération de prospects consiste essentiellement à obtenir une qualité supérieure et des clients très intéressés par votre entreprise. Il est inutile sans nom de marque

Cela étant dit, examinons quelques stratégies efficaces de génération de prospects qui feront des merveilles pour améliorer votre service.

Pourquoi la génération de plomb est importante

Les vendeurs se tournent davantage vers les techniques de marketing entrant. Plusieurs entreprises ont en fait constaté que la publicité entrante, où l'on peut trouver des personnes de son plein gré, semble fonctionner bien mieux que les appels téléphoniques.

La collaboration avec des prospects intéressés a tendance à produire de meilleurs résultats. C'est pourquoi les entreprises comptent sur la génération de prospects pour les aider à générer du trafic web, ce qui peut éventuellement conduire à une conversion.

La génération de prospects comble le fossé entre les entreprises qui cherchent des individus à obtenir, ainsi que les personnes qui cherchent à acheter un produit. En utilisant un processus d'établissement de listes, votre entreprise a plus de possibilités d'attirer l'attention d'acheteurs potentiels en leur présentant quelque chose de valeur que vous pouvez utiliser.

Comment faire de la génération de prospects

Il existe de nombreux marchés différents. Ainsi, ce qui fonctionne bien pour vous peut ne pas fonctionner bien pour d'autres. Vous devez réfléchir à votre marché cible et aux méthodes que vous pouvez utiliser pour l'amener à votre objectif final.

Il existe cependant quelques points de haut niveau que tout type d'entreprise peut examiner, mais vous devrez peut-être affiner une étape pour l'adapter à votre service.

Focus sur la capture du plomb

Pour la capture de plomb, vous pouvez envisager d'utiliser un atterrissage spécialisé ou une page de formulaire spéciale. Si vous créez vous-même un type concis et agréable, vous avez plus de chances d'obtenir une conversion.

Quand il s'agit de créer une espèce, il y a des méthodes.

La longueur du formulaire - il peut y avoir un compromis ci-dessous. L'astuce consiste à trouver un juste milieu. Un terme trop court pourrait suggérer que n'importe quel individu et aussi tout le monde s'inscrivent - même si cela suggère qu'ils ne sont pas un client sévère en bout de ligne. Aussi long d'un formulaire et vous prenez le risque d'être abandonné. Les individus ne pourraient pas être disposés à y consacrer un temps excessif. Demandez donc ce que vous devez demander, et conservez peut-être les préoccupations plus détaillées pour plus tard.

Domaines de certification des prospects - Vous pourriez avoir l'intention d'inclure une ou plusieurs préoccupations qui vous permettent de choisir et de vous concentrer sur vos meilleurs prospects. Vous pouvez leur demander quelque chose qui vous aidera à déterminer la probabilité qu'ils finissent par devenir des clients. Le fait de poser une question de détail peut vous aider à évaluer si elles nécessitent ce que vous devez utiliser.

Tapez les domaines - En parlant de domaines, vous devez demander toutes les bases. Vous souhaiterez probablement aussi comprendre quelques autres détails essentiels comme le secteur des services, le nombre de travailleurs, la fonction dans l'entreprise, le site internet de l'entreprise, etc.

. Si vous cessez de travailler pour inclure un lien web ou un résumé rapide de votre engagement en faveur de leur vie privée, ils risquent de ne pas remplir ce type de formulaire.

Aimants en plomb

Vous avez une sorte de page web, ainsi que peut-être même une page de touchdown. Rien de tout cela n'a d'importance si vous ne fournissez pas quelque chose de valeur. Votre aimant de plomb est la motivation que vous pouvez fournir en échange de l'information du plomb.

Pourtant, ce n'est pas n'importe quoi qui fera l'affaire. Un aimant en plomb fonctionne généralement parce qu'il donne des détails perspicaces ou résout un problème. Il s'agit généralement d'éléments de contenu web extrêmement détaillés, de grande valeur et simples à assimiler.

Il y a beaucoup de choses que vous pouvez fournir ...

PDFs-- Celui-ci est très simple à créer et fonctionne très bien. Vous pouvez transformer n'importe lequel de vos droits de poste en PDF et l'utiliser comme un téléchargement ou une mise à jour unique. Il est vraiment remarquable de voir le nombre d'individus désireux de posséder un objet qu'ils ont pu lire au format PDF. Les particuliers apprécieront certainement ce téléchargement comme un outil précieux si vos informations sont suffisamment pratiques.

Promotions et réductions de prix - Ce genre de piste est très utile pour obtenir des courriels de votre part, car ils souhaitent voir les futures ventes, les codes de promotion, ainsi que les promotions. Une bonne affaire est toujours un moyen très facile d'obtenir du trafic web de prospects, et cela permet en outre de les repositionner dans le sens de la conversion !

Il s'agit d'une solution simple à mettre en place pour les secteurs tels que l'information et la recherche. Vous pouvez compiler les données que vous localisez ou faire votre propre étude, ainsi que, par l'un ou l'autre moyen, donner aux gens les données qu'ils souhaitent voir.

La majorité des bulletins d'information électroniques les conduisent à divers autres contenus informatifs, ou au contenu le plus récent de la marque, c'est pourquoi ils choisissent de s'abonner ! Mieux encore, ce genre de piste attend que vous leur envoyiez un courriel !

Le livre numérique - Les gens parlent constamment des livres comme étant des aimants de plomb. Il est certain qu'ils peuvent être bénéfiques, mais ils n'ont pas le même taux de conversion que plusieurs autres éléments de la liste de contrôle. De plus, leur développement peut être long. Si vous en fournissez une vraiment bonne, vous pourriez trouver quelques pistes vraiment intéressantes, selon vos moyens.

Listes de contrôle - Les gens aiment les listes de contrôle. Et aussi, les choses détaillées sont alignées dans un ordre qui aide la personne à accomplir ce qu'elle veut de la manière la plus simple possible.

Infographie - La plupart des individus aiment les images. Ce travail consiste à aider les individus à visualiser le matériel que vous leur donnez, ce qui leur permet d'absorber plus facilement le contenu du web.

Clip vidéo-- Une action au-dessus de l'infographie sont des clips vidéo. Le son et l'esthétique en font un outil bien meilleur que les livres et les articles courts pour apprendre et aussi pour vous aider à mieux gérer votre facteur. De plus, vous devez avoir l'occasion de montrer votre personnage et aussi votre marque !

Gardez toutefois à l'esprit que si vous optez pour des sites de vente en ligne, vos marges peuvent être assez minces par la suite. Ce n'est pas précisément une option irréversible si c'est ce que vous essayez de trouver en premier lieu. Après cela, vous serez à nouveau en mesure de produire des prospects rapidement et d'acquérir des clients fidèles à long terme.

Vous pouvez également organiser une série d'avantages ou de programmes d'incitation différents. Une motivation de référence ou une récompense du programme d'engagement peut être exactement ce dont vous avez besoin pour attirer des clients potentiels (sans avoir besoin de pousser les offres sur les sites web d'offres).

Techniques de conversion des pages de contact

Il y a plusieurs choses que vous pouvez faire pour que votre page d'accueil se convertisse. Vous trouverez ci-dessous quelques idées de base pour faire en sorte que votre page de renvoi soit la meilleure pour votre organisation.

Facile à consulter : évitez la confusion et allez droit au but. Personne ne souhaite atterrir sur une page qui est longue à la fin pour télécharger et installer un PDF de base. Offrez une explication rapide du contenu du site web ainsi que de tout ce que le client doit attendre.

Pas de styles de police déments - une méthode supplémentaire pour rendre la lecture très facile est d'utiliser une police de caractères de qualité.

Certaines polices de caractères peuvent être agréables, mais il faut réduire les signes de bouclage pour les éléments de style et s'assurer que ce que vous dites est lisible.

La symétrie et une bonne image peuvent faire beaucoup de bien. Vous aurez l'intention d'éviter les couleurs extrêmes ainsi que les nuances qui sont difficiles à voir. Vous savez, n'utilisez pas un style de police jaune sur une page web blanche.

Il est facile et clair de découvrir le CTA. Quoi de pire que d'arriver à une page et de ne pas savoir quoi faire. Si les gens sont perplexes quant à la manière exacte de poursuivre le téléchargement ou l'accessibilité de votre contenu web, ils ne passeront pas à autre chose (essentiellement).

Score principal

Parlons de la notation du plomb. Lorsque vous attribuez des points ou des valeurs à chaque piste que vous êtes en mesure de produire, c'est essentiellement

Les pistes que vous saisissez ne sont pas toutes aussi intéressantes que celles que vous cherchez à trouver. Il est certain qu'ils peuvent être curieux de savoir ce que vous devez partager, mais cela ne signifie pas pour autant qu'ils se transformeront certainement en client payant. La mise en réserve de prospects vous aide donc à hiérarchiser vos prospects et à entretenir les relations avec ceux qui semblent encourageants.

Vous pouvez déterminer une cote de plomb standard de plusieurs façons. Le plus simple est de calculer le taux de conversion du plomb en consommateur.

La tactique la plus efficace pour dresser une liste

Maintenant que vous avez acquis l'essentiel, examinons quelques méthodes qui vous aideront certainement à vous transformer.

Reconsidérer les remises ainsi que les bonnes affaires

C'est une méthode habituelle pour attirer les clients, car qui n'aime pas les taux réduits ? De nombreux sites proposent des réductions ainsi que des bonnes affaires. C'est là que vous devez reconsidérer votre approche. Vous devriez envisager de vérifier si votre article est adapté à tout type de possibilités nationales ou locales parmi les sites Internet d'offre habituels.

Si vous n'êtes pas totalement sûr, vous pouvez constamment vous associer à diverses autres entreprises. Il est également préférable que vous puissiez découvrir les services correspondants qui savent vraiment ce qu'est la tenue de marchés.

Offrir une pertinence égale au référencement

Fait fascinant : seuls 10 % des particuliers nets dépassent la page initiale des résultats de recherche lorsqu'ils cherchent des informations. Cela signifie que les entreprises ont beaucoup plus de concurrence à gérer pour figurer sur la toute première page - ce qui se traduit par de plus grandes pistes. Quel que soit l'intérêt ou la qualité de votre site Internet, s'il n'est pas visible, vous n'obtiendrez aucune piste.

Par conséquent, il est important que vous accordiez la même importance au SEO (Search Engine Optimization). C'est une technique fantastique de construction de listes qui peut mettre votre site web en première page des résultats des moteurs de recherche. Ne manquez pas de vous souvenir du référencement régional !

Au début, l'OSE peut sembler difficile à comprendre, mais au fond, elle se résume aux trois facteurs qui y adhèrent :

- Fournir des informations utiles
- Répondre aux questions fréquemment posées
- Garantir la clarté et la concision de vos écrits

Toutefois, si vous faites partie d'un marché très concurrentiel, vous pouvez avoir l'intention d'employer un expert en référencement. Ce faisant, vous pouvez obtenir une valeur supplémentaire pour vos méthodes de constitution de listes. Dans de nombreux cas, investir dans des auteurs qui ont l'habitude du numérique, ainsi que dans un bon contenu, peut faire des merveilles pour vous.

Adopter la génération de prospects basée sur le contenu

Puisque nous parlons de référencement, nous pouvons également examiner le contenu ou l'approche de création de listes basée sur le contenu pour être encore plus précis. Mais pour que cette méthode fonctionne, votre matériel doit être optimisé. Ce faisant, votre présence sur les moteurs de recherche Internet sera certainement bien meilleure que par le passé.

Plus vous créez de contenu web de qualité, plus vous bénéficiez d'un moteur de recherche en ligne. Le facteur étant que les moteurs de recherche en ligne donnent la priorité absolue aux sites web qui répondent aux questions de manière simple et rapide. Si vous créez un contenu concernant votre entreprise qui donne les réponses à où, quoi, pourquoi et aussi cela, après cela, vous bénéficierez certainement d'un meilleur classement dans les recherches.

Dans le même temps, la recherche devenant locale, vous pouvez encore plus profiter des stratégies de création de listes qui combinent votre contenu web avec votre zone physique. En faisant cela, vous aurez certainement la possibilité de dominer votre recherche locale.

Un site contemporain est un must

L'époque est révolue depuis longtemps où seules les entreprises de médias, les entreprises de technologie et les entreprises concentrées étaient tenues d'avoir des sites internet époustouflants. Si vous avez un service de vente de voitures et de camions ou si vous construisez des applications, vous avez besoin d'un site web étonnant avec une mise en page impressionnante, une efficacité et une rapidité pour empêcher vos consommateurs potentiels d'aller ailleurs.

En créant un site qui soit clair pour les visiteurs de son site concernant le quoi, le où, le pourquoi ainsi que le retard de votre entreprise, il se révèle être un merveilleux bien. En y réfléchissant bien, un site web de qualité ressemble à votre propre carte de visite électronique. Un exemple parfait de cela serait Offer Factor, qui a tous les atouts d'un site web facile à utiliser et attrayant.

Ce qui est fascinant, c'est que vous n'avez pas besoin de comprendre comment coder pour faire un site web éblouissant. Vous pouvez maintenant développer des sites web en glissant et en déposant des fonctions et aussi des aspects, c'est essentiellement aussi simple que cela ! En réalité, n'importe qui peut avoir un site mis à jour, et il n'y a aucune raison de ne pas en avoir un.

Lancer un bulletin d'information électronique de service

La création de listes de publicité par courrier électronique est assez comparable aux approches de génération de pistes matérielles. Dans ce cas, il faut le considérer comme un mélange de méthode de contenu web et de méthodes de capture de leads sociaux.

Vous obtiendrez certainement une méthode de génération de prospects qui alertera votre public cible des mises à jour du secteur ou de votre entreprise si elle fonctionne. Non seulement ils obtiendront les mises à jour fournies dans leur boîte de réception, mais vous n'aurez certainement pas à vous efforcer de vous concentrer.

Pour maximiser cette approche, il faut obliger les gens à adhérer réellement. Vous pouvez commencer par faire appel à des expériences exclusives, à l'expertise, ainsi qu'à des ventes VIP. Mais ne vous arrêtez pas là : continuez à envoyer des bulletins d'information, tant qu'ils ont quelque chose d'utile à fournir. Si vous jouez bien vos cartes, en ciblant un public captif, vous pourriez obtenir des pistes très importantes, qui pourraient aussi devenir votre propre ambassadeur de marque.

Ces approches ne sont que quelques-unes des nombreuses qui peuvent être intégrées directement dans vos procédures commerciales pour accroître votre portée. Toutes ne peuvent pas vous être utiles, c'est pourquoi vous devez faire vos devoirs concernant les techniques qui conviendraient certainement à votre type d'entreprise (que font vos concurrents ?).

Si, au début, vous ne réussissez pas, essayez une autre approche. Les anciennes stratégies peuvent fonctionner, mais il faut parfois leur donner une tournure unique. En outre, n'hésitez pas à investir un peu, car cela peut vous aider à faire un grand pas en avant

Utiliser Facebook pour obtenir plus de clients

C'est beaucoup plus facile à offrir aux personnes qui vous connaissent. Au fil des ans, Facebook a été un moyen pour les entreprises et leurs clients de s'y attacher. Aussi vital que soit le processus de publicité et de marketing numérique, se connecter n'équivaut pas toujours à augmenter les ventes.

Une entreprise doit faire son affaire de "connexion".

Il existe une solution qui semble contrecarrer un grand nombre de fournisseurs dans la salle des sites de réseau sociaux . Ils vous proposent sur les mots à la mode, mais ils donnent ensuite des résultats avare.

Les résultats réels sont obtenus à l'aide d'une formule testée avec les KPI appropriés (indications d'efficacité cruciales) pour vous orienter tout au long du parcours.

La "formule secrète" de Facebook que j'utilise pour obtenir encore plus de clients comporte 3 actions différentes et également distinctes.

Chacune de ces trois étapes consiste en des méthodes détaillées qui guident les acheteurs sur le marché via votre canal de vente.

Avant d'entrer dans la formule, il est important de mentionner que, quels que soient vos objectifs de service, il est vital de commencer par une approche publicitaire forte sur Facebook (c'est-à-dire : que souhaitons-nous atteindre et aussi comment exactement y arriverons-nous ?)

Facebook a fini par devenir une vaste jungle urbaine et il est également facile d'obtenir une cabane dans les broussailles sans plan.

Il est très facile de perdre du temps sur Facebook, donc même si vous ne faites pas de marketing direct auprès des clients, cette formule profite à de nombreux autres objectifs de l'organisation, comme par exemple

- Création de votre liste d'adresses électroniques
- Obtenez des signatures pour votre webinaire ou votre événement.
- Faites-vous remarquer sur votre blog.
- Promouvoir un livre ou un podcast.

La formule secrète pour utiliser Facebook afin d'obtenir plus de consommateurs.

Attirer.

Pour attirer des acheteurs dans ce paysage en ligne très abordable, il faut bien comprendre votre public cible.

Pour attirer vos excellents clients, vous devez savoir qui ils sont ! Lorsque vous aurez déterminé le public que vous souhaitez atteindre, vous pourrez ensuite commencer à concevoir du matériel pour les publicités et les messages sur Facebook.

Il est bien connu que les consommateurs achètent auprès d'entreprises qu'ils reconnaissent, comme les fonds de placement. La publicité et le marketing sur Facebook vous permettent d'apporter régulièrement une valeur ajoutée à la vie de vos consommateurs cibles grâce à des informations pertinentes, des idées spécialisées, mais aussi des idées, du matériel amusant et créatif, des offres spéciales et des rabais.

Engagez-vous.

L'engagement est le moteur de chaque petite chose sur les réseaux sociaux et c'est aussi là que de nombreuses organisations échouent. Une fois qu'ils sont connectés, ils se battent pour savoir quoi faire avec leurs fans.

VÉRITÉ : Vous devez effectivement être social sur les sites de réseau sociaux . Pour être social, il faut un être humain.

La toute première étape consiste à sélectionner une personne qui peut facilement vous représenter sur l'internet, gérer vos publicités et aussi votre contenu, répondre aux demandes de renseignements de Facebook Messenger, etc.

. Pour vous engager avec succès, développez une "méthode de contenu" qui met en valeur votre boutique ainsi que votre individualité. Vous devez ensuite télécharger les types de contenu que vos clients cibles souhaitent et dont ils ont besoin.

Utilisez un calendrier de contenu ainsi qu'un outil appelé PostPlanner pour vous aider à simplifier votre processus.

Ne vous souciez pas d'être tous les points de tous les individus. Concentrez-vous sur l'engagement réel des clients et sur la motivation de ces derniers à agir.

Convertir.

La valeur distinctive des sites de réseau sociaux est leur capacité à attirer et à engager les clients qui achèteront le plus probablement chez vous.

Vendre à des personnes qui ont en fait l'intention d'apprendre par votre intermédiaire est beaucoup plus fiable que d'interrompre de parfaits inconnus qui ne le font pas.

Votre contenu web ciblé informe, amuse et éclaire. L'action suivante dans la formule secrète est de fournir simplement la bonne offre (et la valeur) qui aide vos consommateurs à compléter leur choix d'acquisition.

Une fois que vous avez sélectionné les offres que vous souhaitez prolonger, utilisez les publicités Facebook pour les promouvoir. Les publicités sur Facebook sont devenues la méthode la plus importante pour être vu sur les réseau sociaux .

ProTip : Le ciblage publicitaire est une capacité très prisée. Si vous faites de la publicité auprès de personnes qui ne vous reconnaissent pas, il y a une surface murale qui doit être mise à l'échelle, et sans plan de budget important, c'est une tâche difficile. Utilisez le ciblage publicitaire de Facebook pour rapprocher de vous les acheteurs sur le marché afin de faciliter leur choix.

Bonus Secret : à conserver.

Le site de réseau sociaux est votre atout dans le domaine du service à la clientèle.

Actuellement, 92,5 % des marques ne répondent pas aux attentes des consommateurs sur les sites de réseau sociaux et ces échecs peuvent avoir de grandes ramifications.

La qualité du service à la clientèle, quel que soit le canal utilisé, dépend d'un échange significatif, efficace et axé sur les solutions entre une organisation et ses consommateurs. Le choix croissant des réseau sociaux comme canal de communication privilégié nécessite de "repenser" votre technique de service à la clientèle.

Les enjeux sont élevés et le manque de soin apporté aux clients n'est pas une menace que toute entreprise moderne peut se permettre de prendre.

Participer activement aux groupes Facebook.

De nombreux individus ont répandu l'idée que "Facebook pour le service est mort". Comme les pages Facebook ont actuellement une très faible portée organique (environ 3 % - aïe !), il est facile de présumer que tout le système est inutile. Les pages web de Facebook peuvent vivre cette étape d'adolescence angoissée, mais toutes en même temps ? Facebook peut être une méthode géniale pour localiser des clients et aussi construire votre entreprise.

Voici exactement comment : Rejoignez les équipes Facebook où votre client approprié pourrait traîner. Si vous êtes concepteur de visuels, vous pourriez souhaiter vous inscrire à des groupes adaptés aux blogueurs ou aux petits propriétaires d'entreprises, car ce sont des personnes qui auraient certainement besoin de vos services. Plutôt que d'être un pourriel ou de faire de l'auto-promotion, soyez outrageusement précieux lorsque des individus posent des questions au sein du groupe. En fait, c'est tout ce qu'il y a à faire ! Les différents autres participants de l'équipe garderont certainement à l'esprit votre expérience et vérifieront aussi certainement votre compte (qui devrait, espérons-le, être connecté à la page web Facebook et au site internet de votre entreprise). Ne me croyez pas quand je vous dis que cette fonction est importante ? Jetez un coup d'œil à ces citations d'un certain nombre de femmes qui ont bénéficié de cette approche :

" J'ai programmé 4 de mes clients les mieux payés dans des groupes Facebook cette année, et j'ai aussi été constamment réservé pour 2 ou 3 mois en développement. Les équipes Facebook vous permettent de satisfaire vos clients cibles de manière simple et agréable, et d'établir un véritable lien avec eux.

" Je dirais certainement que 90 % de mes clients sont issus du réseautage dans les équipes Facebook, tandis que les 10 % restants proviennent des références des clients avec lesquels j'ai d'abord établi des contacts dans les groupes FB. C'est sans aucun doute un outil utile pour moi, qui m'a aidé à entrer en contact avec mes clients potentiels ainsi qu'avec d'autres contacts d'organisations qui m'ont aidé à développer mon entreprise de diverses autres manières. Néanmoins, la majorité de mes clients ne viennent pas de la promotion dans ces groupes, mais du fait d'être pratique et d'être connu comme un spécialiste expérimenté de WordPress". -Lily Dagdag de Save Your Time Biz Solutions.

Conseils de marketing sur Facebook pour les entreprises disposant d'un budget

Alors que Facebook cherche à diffuser le contenu du web que ses utilisateurs apprécieront le plus et trouveront le plus pertinent, la portée naturelle a diminué. En fait, certains affirment qu'il est carrément mort.

Cela présente une certaine difficulté pour les petites entreprises : Vous n'avez pas les mêmes plans budgétaires que les grands spécialistes du marketing pour verser dans des messages payants à maquiller.

" La dure réalité de Facebook aujourd'hui est qu'environ 1 personne sur 50 qui sont déjà fans de votre page web verra tout type de message solitaire que vous ferez sur votre page web de service Facebook", a déclaré Sam Underwood, superviseur de la stratégie commerciale de la société électronique Futurety. "L'époque où l'on comprenait et où l'on publiait est révolue depuis longtemps et où de nombreux, sinon la plupart, de vos disciples verront certainement ce contenu".

L'anxiété non, les petits services - il y a de l'espoir. Vous trouverez ci-dessous 22 suggestions sur la manière d'utiliser et de découvrir le bon public pour le contenu web et les expériences qu'il appréciera, même avec un budget minimal.

1. Article avec intention.

Selon Christina Hager, responsable de la méthode et de la distribution des réseau sociaux au sein de la société de médias Overflow Storytelling Lab, les petites entreprises doivent être très conscientes de la manière dont elles interagissent avec leurs marchés cibles.

" Vous ne pouvez pas simplement jeter des points sur Facebook et espérer que quelqu'un les voit", a-t-elle déclaré. "Vous devez publier avec objectivité et ensuite décider ce que vous allez faire de ce poste" - pour dire les choses simplement, si vous allez l'augmenter avec un plan budgétaire.

Pour ce faire, Vicki Anzmann, premier policier imaginatif de la société de marketing Creativation

Marketing, a déclaré qu'il fallait utiliser Facebook Insights pour aider à établir un bon rythme de publication et un bon mix de matériel.

2. Essayez d'assimiler.

" Trouvez des méthodes pour véhiculer votre marque en étant amusant, prêt à l'emploi, distinct ou informatif", a déclaré Eric Johnson, spécialiste du référencement et également spécialiste du marketing numérique en ligne chez web design, SEO et aussi société de marketing FeedbackWrench. "Faites cela, et vous serez sûr d'atteindre un grand groupe sur Facebook."

3. Ne publiez pas sans un calendrier de contenu web.

Afin de planifier efficacement, il faut réaliser un calendrier de contenu.

Un calendrier matériel est l'un des moyens les plus fiables pour maximiser vos initiatives tout en diminuant le temps investi dans la publicité sur Facebook", a déclaré Dan Towers, superviseur principal de la publicité numérique de la société de publicité et de marketing Arcane.

" Vous pouvez planifier le contenu du site web en une seule fois, mais aussi en utilisant un programme d'organisation, comme Buffer ou Sprout Social, vous pouvez le définir ou l'oublier", a-t-il ajouté. "Mais ne l'oubliez pas vraiment : continuez à surveiller vos articles et concentrez-vous aussi sur l'administration du quartier. Vos clients l'apprécieront certainement".

4. Optimisez votre page de profil.

Comme les onglets servent de barre de navigation pour votre page web professionnelle sur Facebook, il est essentiel de s'assurer qu'ils sont bien organisés et qu'ils permettent au marché cible de découvrir les détails. En améliorant les onglets, en réorganisant leur structure de pouvoir et en incluant ou en supprimant des onglets cruciaux, vous offrez au client une expérience plus fluide, a déclaré Mackenzie Maher, responsable des comptes réseau sociaux de la société de publicité et de marketing numérique Power Digital Marketing.

" Si vous êtes une entreprise de services, veillez à ce que votre onglet de témoignage soit activé. Veillez à ce qu'ils soient tous regroupés les uns avec les autres si vous ajoutez des onglets qui se connectent à vos autres pages web sociales. Si vous travaillez ou faites la promotion d'un nouveau poste, assurez-vous que ces onglets sont également activés et publiez vos coordonnées ici", a-t-elle déclaré.

" Il s'agit de modifications de base, mais apparemment perceptibles, qui sont généralement négligées, mais qui peuvent faire ou défaire l'expérience de l'individu. Ils ne doivent jamais avoir à chercher si durement pour trouver les détails dont ils ont besoin".

5. Développer une page web de la zone.

Ben Taylor, fondateur du portail de recommandations en freelance HomeWorkingClub.com, a déclaré que les pages web de voisinage ont tendance à offrir une portée encore plus naturelle que les pages de services commerciaux sur Facebook.

" Si vous faites la page sur invitation uniquement, les clients se sentiront spéciaux et c'est aussi un bon endroit pour maintenir des partenariats avec eux, face à face", a-t-il ajouté.

Taylor a affirmé avoir eu l'idée de l'équipe privée de NicheHacks, qui s'occupe de la publicité et du marketing d'affiliation, puis a créé sa propre équipe d'encadrement pour HomeWorkingClub.com, qui gagne entre 25 et 40 nouveaux membres chaque semaine

Lorsque les gens s'inscrivent à ma liste de contrôle des courriels, ils sont les bienvenus pour s'inscrire au groupe", a-t-il déclaré.

6. Développer un groupe Facebook.

Maria Mora, responsable du contenu de la société de publicité et de marketing numérique Big Sea, a déclaré qu'il fallait développer un groupe Facebook, en dehors des objectifs de marketing, mais pour permettre un échange d'informations relatives à une entreprise fournie.

" Par exemple, si vous vendez des huiles importantes, vous pouvez créer une équipe Facebook concernant notamment les propriétaires d'animaux qui tentent l'aromathérapie", a-t-elle déclaré. "Le secret consiste à trouver une niche dans les intérêts de vos consommateurs et à leur fournir un espace pour se relier. Au fur et à mesure que ce groupe se développe, vous pouvez partager avec parcimonie vos documents, tels que des écrits ou des livres blancs pertinents".

Elle a indiqué le groupe Ethical Aromatherapy, qui est réglementé par le vendeur de pétrole nécessaire Stillpoint Aromatics, et qui compte plus de 13 000 participants. Mora a déclaré qu'il a été développé comme une ressource pour les consommateurs afin de discuter de l'origine des huiles essentielles et de la manière de les utiliser en toute sécurité. Il a également été développé de manière organique, les membres invitant leurs bons amis.

Néanmoins, elle a mis en garde contre l'utilisation de l'équipe pour promouvoir des ventes ou des appels téléphoniques à l'activité. La page web de l'Aromathérapie éthique, par exemple, permet de discuter et de recommander divers autres importateurs de pétrole essentiels.

7. Soyez tactique en ce qui concerne le nom de votre équipe.

Lors de la création d'un groupe, le consultant en publicité et marketing Ron Stefanski a suggéré de lui donner un nom que les individus rechercheront en fait sur Facebook pour augmenter les probabilités que les utilisateurs le découvrent. Il a utilisé cette tactique en créant un groupe Facebook pour son site internet, BengalCatClub.com, qui a donné qui a gagné plus de 10.000 fans.

" Je crois directement que cette technique pourrait profiter à toute entreprise, quel que soit le domaine ou le secteur d'activité. Les équipes Facebook font vraiment bien d'accroître encore la notoriété de la marque", a-t-il déclaré. "Je pense que c'est une excellente suggestion que la plupart des gens n'utilisent pas."

8. Continuez à contribuer à votre histoire sur Facebook.

Selon Bernie Clark, propriétaire de l'agence de marketing et de publicité électronique Majux Marketing, les histoires de Facebook rendent la publication sur Facebook beaucoup plus décontractée.

" Les histoires n'ont pas toujours besoin de se rapporter à des informations spécifiques à l'entreprise, elles peuvent être n'importe quoi, des préoccupations amusantes aux liens fascinants, n'importe quoi pour maintenir votre marché cible engagé et aussi créer une plus grande probabilité pour un clic sur votre profil", a-t-il déclaré.

Nedelina Payaneva, experte en publicité électronique auprès de la société de traduction

Asian Absolute, est d'accord, y compris sur Facebook.

" Ce genre de contenu a un caractère décontracté et mobile", a-t-elle déclaré. "Les utilisateurs ont l'air de retarder les scènes et ça marche. Les aliments en direct sont de plus en plus prisés. Des tutoriels de maquillage aux voyages d'atelier, les marques peuvent agir en temps réel et aussi interagir avec les fans. Ils peuvent être conservés et partagés, et ont également une valeur du côté de la rediffusion".

9. Ne soyez pas obsédés par les mesures de vanité.

Selon Tommy Baykov, superviseur de la publicité et du marketing chez Wordpress, qui détient les solutions WPX Hosting, les entreprises locales ont tendance à avoir des plans de dépenses marketing beaucoup plus limités, c'est pourquoi elles doivent se concentrer sur les choses qui font la différence pour leurs résultats - et non pas sur celles qui les font brièvement se sentir vraiment excellentes, comme les goûts.

"En fonction de votre entreprise et de votre approche, le CTR, la visualisation de 50 % des clips vidéo [et] les messages reçus sont simplement quelques-uns des paramètres les plus significatifs et les plus pratiques", a-t-il ajouté.

10. Utilisez Facebook pour le service clientèle.

Rafi Bitchakdjian, directeur des réseau sociaux de la société de publicité et de marketing Cue Marketing, a affirmé que les petites marques peuvent s'appuyer sur Facebook pour les aider à gérer tout type de problèmes de service à la clientèle qui se développent à mesure que les entreprises utilisent des robots pour interagir avec leurs clients en ligne.

" Le public attend des réponses en quelques minutes, et Facebook est la plateforme mobile parfaite à utiliser pour résoudre un problème et même simplement remercier un client pour son évaluation positive", a-t-il déclaré.

11. Blog avec un (petit) plan budgétaire.

La sous-croissance suggère d'ajouter un plan de dépenses payantes - même minime - pour assurer une certaine portée.

" Essayez d'essayer différents types de matériel, de messages, d'images et aussi de moments de la journée, et utilisez également le système de test A/B intégré de Facebook pour voir ce qui peut vous aider à augmenter au maximum votre budget publicitaire", a-t-il déclaré. "Il est préférable de poster occasionnellement avec un petit budget pour s'assurer que le contenu du site est bien diffusé auprès de vos précieux clients et prospects".

Underwood a déclaré qu'une chaîne de restaurants nationale avait une portée par poste de 1,06% de ses goûts sur Facebook au cours des dernières semaines - et qu'un autre client du Midwest avait vu sa portée par poste baisser à moins de 7% au cours des dernières semaines.

" Ces deux exemples sont représentatifs de ce que nous voyons sur toutes nos pages clients depuis peu", a-t-il ajouté.

Keri Lindenmuth, responsable de la publicité chez KDG, une entreprise de conception de sites web et de développement d'applications logicielles, a reconnu que les publicités Facebook sont efficaces car elles permettent de personnaliser le marché cible en fonction du lieu, de l'âge et d'autres critères.

" Parfois, il est préférable que ces publicités n'aient pas un aspect et un son différents de ceux d'un billet de blog de routine sur Facebook", a-t-elle ajouté. "Nous avons constaté que les clips vidéo annoncés et les articles de blog d'images fonctionnent le mieux".

12. Réduisez votre public.

George Schildge, PDG de l'agence de marketing numérique Matrix Marketing Group, a déclaré que l'objectif est de réduire les marchés cibles ainsi que de tester ce qui générera certainement l'un des meilleurs résultats pour un objectif donné.

"Pensez-y comme si nous faisions des publicités télévisées ainsi que des projections dans différentes villes", a-t-il affirmé.

Ainsi, par exemple, pour le petit torréfacteur de café EspressoLuv.com, il a réduit le nombre de personnes sur Facebook à celles qui aiment le torréfacteur Blue Bottle Coffee. De là, il peut enquêter sur les autres caractéristiques démographiques.

13. Prendre en considération les postes renforcés.

Selon Greg Bullock, responsable de la publicité de l'entreprise TheraSpecs, spécialisée dans le traitement des migraines, l'attribut "augmenter le message" de Facebook permet aux utilisateurs d'augmenter considérablement l'audience de leurs articles et de cibler des clients potentiels très engagés et pertinents, avec un budget extrêmement limité.

"Non seulement il peut vous aider à racheter la portée organique de votre hangar à partir de changements algorithmiques récurrents, mais il peut aussi stimuler la présence qui finit par générer du trafic vers votre contenu et/ou des acquisitions pour votre produit ou service", a-t-il déclaré. "En réalité, nous avons vu nos messages les plus importants produire des milliers de clics pour littéralement 2 ou 3 centimes par clic".

Et bien que Bullock ait gardé à l'esprit qu'il est remarquablement utile de mettre en place une campagne plus importante dans Ads Manager, "il arrive que vous vouliez juste quelques clics pour démarrer. Avec les postes boostés, il vous suffit de définir votre public cible, votre budget ainsi que votre mode de fonctionnement".

Tommy Burns, expert en publicité et marketing de l'agence numérique Bluehouse Group, a néanmoins averti que les petites entreprises doivent être beaucoup plus prudentes quant à la manière dont elles investissent leurs plans de dépenses et que les postes améliorés ont beaucoup moins d'alternatives en matière de ciblage, de tarification et de processus d'appel d'offres.

"En fin de compte, cela indique que vous en avez moins pour votre argent sur chaque positionnement publicitaire", a-t-il déclaré. "Les petites entreprises profitent de l'augmentation du nombre de messages sur les blogs car elles sont rapides et aussi actives. Malheureusement, ils abandonnent le contrôle sur les publicités que leur public voit".

14. Utiliser davantage de messages pour maximiser les publicités.

Pour sa part, Kevin Namaky, propriétaire de la société d'éducation marketing Gurulocity, a suggéré d'utiliser les publicités Facebook ainsi que d'augmenter le nombre de billets de blog dans l'ordre.

En développant deux publicités et en leur donnant un petit coup de pouce d'environ 50 dollars pour favoriser l'interaction initiale, les entreprises locales peuvent voir quelle publicité génère le plus d'interaction, comme le tri, les échanges ainsi que les commentaires. Ensuite, a dit M. Namaky, les spécialistes du marketing peuvent créer une publicité Facebook dans Ads Manager avec leur objectif de conversion, mais au lieu de recréer la publicité, ils peuvent recycler l'article boosté exact comme leur imagination, avec les goûts et les parts déjà sur le message.

"Cela permettra à votre publicité de mieux se transformer que si vous diffusiez un tout nouveau morceau d'imagination sans aucune sorte ou part dessus pour commencer", a-t-il inclus.

Pour afficher exactement le même article avec la preuve sociale, très probablement sur la page de votre organisation, faites défiler pour découvrir l'article amélioré et cliquez également sur le jour et l'heure en haut du message. L'URL a un numéro de message spécial que vous pouvez dupliquer et coller lors de la création de l'annonce en cliquant sur "utiliser un article existant" et en allant dans l'ID sous "Creative"'"", a ajouté M. Namaky.

15. Apprenez à utiliser le Power Editor Device de Facebook.

Burns a recommandé de découvrir le Power Editor Device de Facebook pour publier des messages si vous êtes sérieux en matière de publicité et de marketing sur Facebook.

"Il vous permet d'établir des projets d'examen A/B, de créer des audiences personnalisées basées sur des pixels de conversion et d'utiliser des modèles d'enchères sophistiqués", a-t-il déclaré.

16. Utiliser les publicités du magazine item de Facebook.

Kevin Simonson, PDG de la société de marketing d'efficacité Metric Digital, a qualifié de "possibilité jetée" le fait de ne pas utiliser les publicités du magazine de produits de Facebook.

" Ce thème est une méthode infaillible pour créer une expérience de navigation abondante pour les acheteurs, en motivant l'exploration d'articles plus importants et aussi l'engagement", a-t-il déclaré. "C'est également le meilleur outil pour effectuer un reciblage dynamique. Sans oublier qu'il permet de joindre un magazine existant à partir d'une plateforme supplémentaire, telle que Google".

Un client du commerce électronique a vu les ventes de remarketing de Facebook augmenter d'environ 300% après avoir appliqué le catalogue d'articles de Facebook.

"Leur ROAS est passé de 600 à 3 000 % et leur CPA de 45 à 9 dollars", a-t-il inclus.

17. Structurez votre pixel de manière tactique.

Scott Selenow, directeur de l'agence de marketing Immerse Agency, a déclaré que le pixel Facebook recueille des informations sur les personnes qui visitent votre site web et vous permet de recibler ces consommateurs plus tard.

Facebook dispose également d'une fonction de ressemblance, qui vous permet de cibler des personnes ayant des comportements en ligne comparables à ceux des visiteurs de votre site.

" La prochaine campagne publicitaire que vous mettrez en place peut être d'autant plus réussie si vous êtes capable de cibler particulièrement les personnes dont vous savez qu'elles ont tendance à interagir avec votre campagne", a-t-il déclaré. "Ce pixel peut vous aider à tirer le meilleur parti de ce ciblage intelligent."

Si votre pixel Facebook est mal exécuté, vous perdrez parce que vous n'obtiendrez pas les informations dont vous avez besoin, y compris Simonson.

" Les marques intelligentes font tout ce qu'il faut pour simplifier le suivi, l'optimisation et le remarketing des conversions. Le pixel est l'outil parfait pour y parvenir", a-t-il déclaré. "C'est ce qui vous aide à trouver de nouveaux clients qui ressemblent aux visiteurs de votre site. Et aussi, chose choquante, beaucoup d'entreprises que nous examinons ne l'ont pas établi".

Une petite entreprise cliente a eu la possibilité de transformer Facebook en un réseau qui a généré des investissements à huit chiffres, ce qui est plus que n'importe lequel de ses autres réseaux payants.

"Sans avoir leur pixel en ordre, cela n'aurait certainement jamais eu lieu", a inclus Simonson.

18. Utilisez les Publics personnalisés de Facebook pour recibler les utilisateurs qui ont réellement regardé vos clips vidéo.

Per Andrew Schutt, fondateur de la société de marketing web Elevated Web Marketing, l'une des méthodes les plus régulièrement utilisées est l'utilisation de publicités vidéo pour recibler des marchés cibles chauds.

"L'un des aspects les plus intéressants du gestionnaire de publicités de Facebook est la possibilité de développer des audiences personnalisées pour vos publicités en fonction du temps pendant lequel les individus apprécient vos clips vidéo", a-t-il déclaré. "Par exemple, un dentiste pourrait faire une promotion vidéo auprès d'un public cool en expliquant à quel point le nettoyage des dents est crucial. Après que la vidéo sur le nettoyage des dents ait été diffusée pendant quelques jours, nous pourrions alors mettre en place une publicité de reciblage qui fournit un nettoyage des dents abordable à de nouveaux clients".

Selon M. Schutt, le dentiste peut choisir de révéler la publicité uniquement aux personnes qui ont effectivement regardé plus de 50 % de la vidéo de nettoyage des dents.

"Cela signifie que nous savons qu'ils sont intéressés par les nettoyages de dents actuellement, donc notre annonce va être beaucoup plus fiable et pertinente", a-t-il ajouté. "Alors que si nous devions simplement proposer cette publicité de nettoyage dentaire à prix réduit à un public cool, le prix de participation à l'accord serait certainement très réduit".

Schutt a déclaré avoir utilisé cette méthode avec une entreprise d'installation de panneaux solaires et un médecin chiropraticien pour aider à créer des pistes.

"Ce qui rend cette approche si fiable, c'est que nous ne révélons cette gratuité qu'aux personnes qui ont profité de plus de 75% du clip vidéo initial. Nous comprenons qu'ils soient intéressés par les avantages des soins chiropratiques - nous les avons déjà préqualifiés, à un certain niveau", a-t-il déclaré.

19. Produire des marchés cibles sauvés.

Contrairement aux publics personnalisés, les publics enregistrés sont ceux que vous configurez par le biais des options de ciblage des publicités Facebook typiques. Au lieu de configurer votre public chaque fois que vous produisez une publicité ou que vous voulez dynamiser un billet de blog, vous pouvez développer des publics conservés que vous pourrez utiliser chaque fois que vous lancerez une campagne publicitaire, a déclaré Chris Smith, co-fondateur de la société de publicité électronique et de formation à la vente Curaytor.

"C'est une alternative fantastique à utiliser si vous avez l'intention de cibler des publics comparables chaque fois que vous produisez des annonces particulières ou que vous améliorez des articles de votre page web", a-t-il déclaré. "Surtout lorsque vous commencez à développer des annonces en masse et que vous augmentez régulièrement le nombre de messages, cela vous fera certainement économiser beaucoup d'argent et de temps".

20. Examiner les différentes méthodes d'appel d'offres.

Stacy Caprio, créatrice de la société de publicité Accelerated Growth Marketing, a déclaré que sa suggestion numéro 1 est d'examiner différentes techniques de processus d'appel d'offres, y compris le montant de l'offre et le type.

" Vous pouvez produire quatre ou cinq équipes publicitaires différentes pour une même annonce avec des quantités et des types d'offres différents, la laisser tourner pendant une semaine ou deux, puis exterminer les ensembles d'annonces peu performantes et laisser tourner les résultats d'offres les plus efficaces", a-t-elle déclaré.

En outre, M. Simonson a déclaré que Metric Digital a enquêté sur plus de 1000 petites entreprises étant donné que 2013 ainsi que a découvert que certaines entreprises utilisent le processus d'appel d'offres de conversion, mais n'ont pas réellement assez d'occasions suivies pour améliorer.

"Facebook insiste fermement sur le fait qu'une publicité doit générer 15 à 25 conversions par semaine au minimum pour offrir suffisamment d'informations pour réussir", a-t-il affirmé. "Maintenant, cela pourrait être difficile à atteindre si votre entreprise vient juste de commencer la publicité et le marketing et si votre plan de dépenses est petit. Dans nos audits, nous verrons certainement souvent des appels d'offres de conversion utilisés sur des ensembles de publicité qui obtiennent beaucoup moins que cette variété de conversions. Il est important de noter que si vos postes de publicité ne peuvent pas atteindre 25 acquisitions par semaine, vous pouvez essayer d'établir votre événement de conversion pour ajouter aux paniers, ou une occasion supplémentaire mieux en tête de la chaîne".

21. Ne négligez pas d'examiner les placements publicitaires.

Essayez le Newsfeed et les publicités à droite pour voir ce qui se fait de mieux. C'est ce qu'affirme Namrata Arya, responsable de la publicité et du marketing électroniques pour le registre Radix, qui ajoute : "Les publicités de droite, bien que plus abordables que les publicités de flux d'informations, peuvent ne pas vous procurer le nombre de clics ou de conversions souhaité".

22. Profitez du reciblage des liens web.

Si vous utilisez les publicités de reciblage de Facebook pour stimuler les conversions et attirer des visiteurs sur votre site web, vous devriez également utiliser le reciblage de liens. C'est ce qu'a déclaré Louisa McGrath, responsable du contenu de l'outil de surveillance des liens web Rebrandly, qui a précisé que cela vous permet de développer vos listes de reciblage et d'atteindre des publics qui n'ont jamais visité votre site auparavant, mais qui ont en fait été influencés par votre marque sur les sites de réseau sociaux .

"Le reciblage de liens vous permet d'inclure des pixels de reciblage Facebook à votre lien web court lorsque vous partagez du matériel de conservation. Toute personne qui clique sur ce contenu web peut être reciblée avec des publicités appropriées", a-t-elle déclaré. "Vous pouvez donc recibler les personnes qui ont cliqué sur la couverture médiatique de l'assurance, des examens ou des nouvelles du marché concernant votre service, même si le lien web conduisait à un site internet tiers".

Créez un contenu de blog qui est écrit en pensant à votre client idéal.

L'une des méthodes les plus efficaces et non spammeuses pour obtenir des clients est de composer des articles de blog que vos clients appropriés souhaiteraient certainement lire. Êtes-vous un styliste individuel ? Partagez des conseils avec l'un des designs les plus flatteurs

pour tous les physiques. Vous êtes rédacteur ?
Rédigez un message sur la façon de créer une
page "À propos" exceptionnelle. Vous êtes un
designer internet ? Partager des
recommandations sur l'utilisation de WordPress.
Cela ne se contentera pas de les faire remonter
sur votre site, mais vous donnera également
l'occasion de montrer l'immense savoir dont vous
disposez dans votre domaine.

C'est comme commercialiser sans vendre ! Vous
pouvez montrer vos compétences sans rien
imposer à vos téléspectateurs. De préférence,
vous devez avoir un lien web ou des visuels
quelque part sur votre blog, qui dirigent les gens
vers la page web de vos solutions.

Références ou renvois

Chaque jour, plus de 2,4 millions de
conversations liées aux marques ont lieu aux
États-Unis.

Cela montre que les individus ne sont pas timides lorsqu'il s'agit de parler de leurs expériences avec les entreprises, ce qui pourrait vous amener à vous interroger sur ce que vous pouvez faire pour convaincre votre entreprise de soutenir ces discussions.

Comme 83 % des personnes dépendent du point de vue de leur famille et de leurs amis pour prendre leurs décisions d'achat, l'approche financière pour attirer des clients potentiels par le seul biais de vos efforts de marketing commercial n'est pas une approche audio.

Dans un effort pour capitaliser sur le pouvoir évident du bouche-à-oreille, de nombreuses entreprises se tournent vers les méthodes de référencement des clients afin d'accroître le partage de la clientèle. Cela leur permet d'entrer en contact avec encore plus de clients potentiels certifiés. Ces références reposent sur la personne qu'ils comprennent actuellement plus qu'ils ne feront jamais confiance à votre marketing, et leur acquisition sera moins coûteuse pour votre entreprise.

Si vous cherchez des conseils sur la façon de pénétrer dans cet espace, nous avons créé une liste de références.

Comment obtenir des références de la part des clients

1. Profitez de LinkedIn.

Plutôt que de demander des recommandations sans réfléchir, vous pouvez augmenter vos chances de succès en faisant vos recherches.

Lorsque vous vous approchez d'un consommateur ayant un nom ou une entreprise avec laquelle vous aimeriez certainement entrer en contact, vous lui évitez d'avoir à s'asseoir et à réfléchir pour vous. Heureusement pour vous, la fonction de recherche avancée de personnes de LinkedIn permet d'afficher très facilement les connexions certifiées de second degré que vos consommateurs peuvent vous présenter.

Pour commencer, cliquez sur la barre de recherche en haut de la page, puis sélectionnez "Personnes" dans le menu déroulant. De là, vous pouvez filtrer votre recherche par des liens de second degré ainsi que des détails supplémentaires comme le secteur d'activité, le titre, les phrases clés et aussi la zone pour obtenir une liste des possibilités de référencement. Cela vous permettra de découvrir un candidat idéal à présenter à votre client.

2. Rechercher les possibilités de réaction favorable.

Les meilleures recommandations interviennent après que le consommateur a eu la possibilité de faire l'expérience de la valeur que vous êtes capable de lui apporter.

Vous ne demanderiez pas d'augmentation à votre manager juste après avoir raté la cible de vos mesures mensuelles, c'est exactement la raison pour laquelle il ne serait pas approprié (ou efficace) de demander une recommandation lorsque vous ne livrez pas ce que vous avez garanti à un consommateur.

Pour réussir par vous-même, il faut tenir vos clients au courant des résultats qu'ils obtiennent en utilisant vos services ou vos produits, afin qu'ils soient satisfaits - et qu'ils aient l'intention de vous faire connaître. Cela commence par une procédure d'embarquement efficace afin que les consommateurs aient une idée claire des attentes, du calendrier et du travail à accomplir pour arriver à ce point.

Ensuite, pensez à associer les demandes d'orientation à des expériences positives pour les clients.

Demandez si vous venez de leur annoncer que votre article ou votre solution les a aidés à augmenter leurs revenus mensuels.

Pourtant, si vous avez perdu sur chacun des KPI que vous avez définis les uns avec les autres pour le trimestre ? Pompez les freins à cette demande.

3. Fournir un modèle de conception.

Lorsque vous demandez des références, il est essentiel que vous soyez conscient de l'activité de vos clients (c'est pour cela qu'ils vous ont engagé, n'est-ce pas ?).

Au lieu de leur demander et d'espérer qu'ils trouvent le temps de donner suite, soyez plus proactif dans votre stratégie en éliminant plusieurs des lourdes charges qui pèsent sur eux.

Vous trouverez ci-dessous un exemple de modèle de courriel que vous pouvez utiliser pour obtenir le roulement de la sphère :

[Référence],

L'autre jour, j'ai parlé avec lui de certaines des choses que lui et moi avons faites, et j'ai aussi réalisé que je devais vous placer l'un à côté de l'autre. Votre nom, avec une URL de profil LinkedIn]

Recommandation, avec une URL de compte LinkedIn]

Puis-je vous laisser le reste ?

Nous vous parlerons plus tard.

Si vous obtenez un quelconque retour de la part de votre consommateur lors de l'envoi, ne le poussez pas une fois de plus.

4. Agir en fonction des réactions positives.

Afin de collecter davantage d'orientations, vous devez vous montrer digne d'être orienté.

Pour vous assurer que vous répondez (et même que vous dépassez) aux besoins et aux attentes de vos clients actuels, il est important que vous agissiez régulièrement et que vous recueilliez leurs réponses.

SurveyMonkey est un logiciel d'étude en ligne qui permet de travailler facilement et de diffuser des études sur la satisfaction des clients afin de garder un œil sur ce que vous faites bien (et ce que vous devez améliorer).

5. Dispersez votre matériel et vos ressources.

Selon l'étude Zero Moment of Truth de Google, l'acheteur type s'engage maintenant avec plus de

10 éléments de contenu web avant de prendre sa décision d'achat. Cela signifie qu'avant que vos pistes existantes ne soient fermées aux clients, ceux-ci n'hésitaient pas à consommer chacune des ressources que vous avez travaillé dur pour produire.

Cela met l'accent sur l'importance de la dispersion stratégique de ce matériel pour garantir qu'il atterrit entre les mains de prospects qualifiés. Et comme vos clients potentiels mangent actuellement vos produits, l'ajout d'un simple lien web de recommandation "Partagez avec un ami" dans vos e-mails d'offre automatisés ou sur vos pages web de remerciement peut vous aider à atteindre cet objectif.

En facilitant la transmission de vos ressources à vos clients vers leurs liens certifiés avant même qu'ils ne soient fermés, vous contribuerez à ce qu'une action soit couronnée de succès à tout moment.

6. Produire différentes opportunités de plaidoyer.

Si vous obtenez un refus lorsque vous demandez des recommandations de clients, la première étape consiste à vous retirer et à fournir également une zone. Il n'est pas important que vous reconnaissiez la raison précise pour laquelle ils disent non, de même que vous souhaitez être respectueux de votre lien.

Dès que le temps a passé, prenez en considération la possibilité de leur faire une offre de promotion pour votre entreprise sans avoir à leur recommander quelqu'un : en écrivant un témoignage, en proposant une étude de situation ou en envoyant un témoignage.

Ces activités à moindre effort de la part de votre client continueront certainement à susciter de nouvelles opportunités pour votre entreprise - et ne mettront pas en péril votre lien avec votre consommateur. Demandez-leur ce qu'ils pourraient partager, et voyez si vous pouvez trouver un endroit pour leurs commentaires positifs sur votre site web ou vos réseaux sociaux.

7. Ajouter un programme d'engagement des clients.

Vos clients les plus dévoués sont probablement ceux qui vous recommandent le plus votre cabinet. Reconnaissez ces équipes en développant un programme de fidélisation des clients qui les récompense pour leur action de plaidoyer de la part de votre organisation.

Ce système pourrait être basé sur des points, ou même sur un abonnement premium. Elle pourrait également aller au-delà de la simple orientation des consommateurs. Malgré la façon dont vous le faites, assurez-vous que vos clients se sentent vraiment appréciés et qu'ils seront beaucoup plus enclins à vous aider.

8. Alignez-vous sur la valeur de vos consommateurs.

Faites votre étude pour savoir ce que vos clients apprécient vraiment avant de demander une recommandation. Vous pouvez ensuite redresser votre incitation ou votre recommandation avec ces valeurs, et vous pourrez faire une suggestion de l'impact qu'elles auront avec une recommandation.

Si vos clients utilisent votre article pour une collecte de fonds à but non lucratif, ou si vous reconnaissez qu'ils sont directement ou professionnellement dépensés dans la défense d'une cause pour une raison donnée, vous pourriez les dédommager pour les recommandations par une contribution en leur nom. Des gestes simples comme celui-ci peuvent contribuer à montrer aux clients que votre connexion est une collaboration, et pas seulement un achat de service.

9. Allez au-delà des attentes.

Le bouche à oreille est l'un des moyens les plus puissants pour faire connaître votre entreprise. Néanmoins, il est largement basé sur l'engagement, ce qui indique que c'est quelque chose que vous devez vraiment faire.

Si vous souhaitez que vos clients (ou clients potentiels) s'extasient devant votre service, vous devez les enchanter.

Dépassez les attentes de vos clients non seulement en atteignant des objectifs avec eux, mais aussi en partageant leur matériel sur les sites de réseau sociaux , en les mentionnant dans le contenu web de votre site de blog et en confirmant être une source essentielle pour eux. Vous comprendrez certainement pourquoi ils devraient dire à leur réseau que vous faites un travail formidable.

10. Adoptez un programme de référencement des clients.

Lorsque vous obtenez de toutes nouvelles références, l'adoption d'un programme d'orientation des clients est un excellent moyen pour votre groupe d'être proactif. La propriétaire du blog Mybook, Madeleine LaPlante-Dube, explique dans un message que le fait d'en avoir un montre "que vous êtes certain d'être suffisant dans vos solutions ainsi qu'une équipe pour reconnaître qu'un programme de référencement serait certainement un investissement positif".

Vos clients remarqueront cette confiance et se sentiront plus à l'aise de partager les détails puisque vous avez mis en place un système bien organisé. Les programmes d'orientation des clients améliorent la réputation de votre service, ce qui permet aux consommateurs de vous faire plus facilement confiance.

11. Référez-vous à d'autres affaires.

Si vous demandez à un client de vous adresser des personnes, il peut s'attendre à ce que vous fassiez exactement la même chose. En prévoyant de diriger vos consommateurs vers d'autres entreprises, vous apporterez d'importantes puces de négociation à la table des négociations. Vos clients auront certainement l'impression d'obtenir un paiement équivalent pour l'information qu'ils quittent.

Soyez prudents. Votre partenariat avec vos clients actuels est mis en jeu chaque fois que vous les référez ailleurs. Veillez à les envoyer dans une entreprise aussi grande que la vôtre, sinon ils pourraient finir par vous critiquer pour leur malchance.

12. Récompenses.

Personne n'aime fonctionner de manière totalement gratuite ?

Si vous voulez adoucir l'offre et vous assurer que vos clients parcourent effectivement leurs réseaux à la recherche d'une excellente recommandation, offrez-leur quelque chose de précieux en retour. Qu'il s'agisse d'une carte-cadeau Starbucks ou Amazon, d'un abonnement mensuel gratuit ou d'argent frais, donnez quelque chose en retour à vos consommateurs qui vous ont attaché avec des plombs confortables - ils le méritent.

Une façon d'organiser ces fournitures de motivation est de mettre en place un programme qui gère les contrats de référence client. Les dispositifs de recommandation peuvent aider votre entreprise à produire en permanence des quantités considérables de pistes nouvelles en créant un système qui récompense les consommateurs importants.

Perfectionnez votre procédure actuelle pour obtenir encore plus de références.

Prenez une minute et tracez (sur papier) le parcours de votre client. L'amélioration de votre procédure ainsi que le fait de rendre chaque petite chose aussi facile que possible pour vos clients augmenteront certainement les chances que vos clients vous recommandent à leurs pairs ou à leurs bons amis.

Voici un exemple de flux de travail d'un client :

Courriels préliminaires >> Conversation téléphonique (parfois) >> Contrat >> Facture d'acompte >> Questionnaire >> Épreuves (1er, 2e, 3e cycles) >> Facture finale >> Installation >> Instructions pour les appels téléphoniques (si nécessaire) >> Courriel de remerciement

Il peut également être utile de partager cette procédure avec vos clients afin de les maintenir dans l'échappatoire. Moins vos clients se sentent fatigués et dépassés, plus ils sont susceptibles de vous recommander. Un conseil supplémentaire : cette procédure peut être automatisée avec des applications web comme Infusionsoft.

Accords de saisine

Qu'est-ce qu'un accord de référence ?

Un accord d'orientation est un contrat entre une entreprise et une partie externe. Les deux événements s'accordent sur des conditions communes de compensation, après quoi un contrat de recommandation est autorisé pour renforcer l'accord.

En quoi doit consister un accord de saisine ?

Lors de la rédaction d'un contrat de référencement, vous aurez l'intention de faire respecter les produits dans votre mise en page :

Un en-tête qui comprend le nom de l'entreprise et de la partie impliquée ainsi que la date du contrat. Des trucs légaux de base.

Le partenariat entre l'entreprise et l'événement. Il est précisé que l'entreprise est le principal propriétaire des capitaux propres, tandis que l'événement est le représentant extérieur.

Doivent-ils se transformer en clients ? Les clients ne sont pas constamment assurés d'une recommandation, il est donc essentiel de développer ce qui fait une piste référable.

La manière exacte dont la partie extérieure sera certainement rémunérée pour ses efforts. Il peut s'agir d'un paiement fixe par piste ou d'un paiement basé sur la haute qualité de la piste. Dans certains cas, la partie extérieure peut ne pas être attribuée jusqu'à ce que le plomb se transforme.

S'il y a une durée de versement ou non. Veillez à définir le temps qui sera certainement réservé pour que le prospect devienne client si la recommandation doit être convertie avant que le paiement ne soit effectué. Si le plomb se convertit pendant ce temps, l'événement extérieur est compensé pour la conversion.

L'événement extérieur sera-t-il payé pour les conversions persistantes ? Si un client recommandé fait une acquisition supplémentaire, vous devrez établir si la partie extérieure sera certainement récompensée. Ainsi, vous pourriez inciter votre partenaire à fournir de meilleures pistes qui font de nombreux achats.

Que l'accord soit spécial ou non. Si vous ne voulez pas que vos clients se fassent des rivaux de gestion identiques, veillez à le préciser dans l'accord.

Une déclaration de discrétion ou de confidentialité. Cela empêche l'une ou l'autre des célébrations de partager toute sorte d'informations sensibles pendant toute la durée du contrat. Il peut en outre protéger contre toute forme de violation des droits d'auteur qui peut potentiellement se produire dans les échanges.

Quand faut-il utiliser un accord de référence ?

Bien qu'une carte de récompense Starbucks ne justifie pas nécessairement un arrangement de référence, vous souhaiterez garder ce modèle de conception à portée de main lorsque vous traitez avec des comptes de consommateurs plus importants. Les dispositifs de recommandation des clients ne sont normalement utilisés que dans les transactions où des montants importants d'espèces sont échangés entre les parties. Le fait de disposer d'un accord de recommandation offre une sécurité aux deux parties et garantit que le lien est tout aussi enrichissant.

Pourquoi est-il important de demander des renvois ?

Il est nécessaire de demander des références pour attirer de nouveaux clients. Une recommandation d'un consommateur supplémentaire est comme un témoignage cinq étoiles, écrit directement à quelqu'un qui conviendrait à votre organisation.

Il y a des avantages supplémentaires lorsqu'il s'agit de la haute qualité des nouveaux clients que vous générez. Étant donné que les individus sont plus que susceptibles d'associer d'autres personnes comme eux, les nouveaux clients qui arrivent seront certainement déjà passionnés par ce que vous devez leur fournir. Ils seront déjà membres du groupe que vous recherchez et, par conséquent, les plus susceptibles d'acheter vos biens. Mieux encore, grâce à votre parrain, ils ont actuellement confiance en votre entreprise. L'engagement de la marque et l'évangélisation ne sont qu'à un jet de pierre de là.

Twitter

Twitter est un système incontestablement puissant pour améliorer la portée en ligne de votre service. L'individu moyen de Twitter se conforme à 5 services, ainsi que 80% de tous les utilisateurs de Twitter ont effectivement déclaré un nom de marque dans un Tweet.

Si vous portez votre chapeau de marketing entrant, vous devez savoir que Twitter n'est pas seulement un endroit pour élargir la clientèle grâce à la publicité et au marketing de bouche-à-oreille, c'est aussi un endroit pour satisfaire vos clients là où ils se trouvent.

Cependant, pour réussir en tant qu'entreprise sur Twitter en 2019, il est essentiel de pouvoir se démarquer. Cependant, cela peut indiquer diverses choses pour les millions d'entreprises de tous les secteurs d'activité sur Twitter

Quelles actions pouvez-vous donc entreprendre pour enrichir l'expérience en ligne de votre marché cible, au lieu de vous contenter de le perturber ? Comment pouvez-vous promouvoir votre service ou votre produit de manière à encourager les particuliers à l'acheter ? Comment rendre votre marque beaucoup plus humaine sur un système fait pour la connexion ?

Pour vous aider à créer une technique efficace et aussi à tirer parti de la puissance de Twitter pour votre entreprise, nous avons produit ce guide pratique. Continuez à vous renseigner pour savoir comment vous pouvez utiliser Twitter pour votre service en 2019.

Comment faire du marketing efficace sur Twitter.

Dans un premier temps, vous devez élaborer votre stratégie publicitaire sur Twitter. Votre méthode est votre structure de réussite et mérite tout le temps que vous investissez pour l'étudier et la produire.

L'approche marketing de Twitter est la même que celle de tout autre site de réseau sociaux : elle est centrée sur le matériel que vous créez, diffusez et dispersez pour attirer vos fans. Le contenu web que vous publiez devrait attirer de nouveaux fans, motiver de nouveaux prospects, stimuler les conversions et accroître la reconnaissance de la marque.

Votre entreprise a probablement déjà des objectifs commerciaux de haut niveau, et Twitter est un canal qui peut vous aider à atteindre ces objectifs. Si votre entreprise souhaite générer des prospects ainsi que des ventes durables, vous aurez besoin de la notoriété d'une marque dans votre coin pour obtenir la relocalisation de votre volant d'inertie.

L'adhésion à 4 tactiques vous aidera certainement à établir une méthode de publicité Twitter forte pour construire votre existence.

1. Étudiez vos concurrents.

Twitter est un outil que vous pouvez utiliser pour rechercher des rivaux et voir quels types de matériel et de méthodes de publicité et de marketing ils utilisent. Rassembler des informations sur ce que font vos rivaux vous aidera certainement à éduquer votre propre technique.

2. Vérifiez votre compte.

L'importance de la comptabilité n'est pas perdue de vue lorsqu'il s'agit de méthode. Pour que Twitter soit un fantastique outil de marketing, il faut être organisé. Vous devez faire vérifier votre compte rapidement ? Voici comment le faire en moins de 20 minutes.

3. La recherche étudie les pratiques idéales.

Comme la comptabilité, c'est une étape qui doit être effectuée en permanence. Il est essentiel de se tenir au courant des meilleures techniques au fur et à mesure que Twitter est mis à jour ainsi que des ajustements d'expériences pour maintenir vos perceptions et vos engagements à un niveau élevé.

4. Déterminez votre public.

Vos personnages de service doivent être pris en compte dans tous les aspects de la publicité et du marketing, y compris les réseau sociaux . Lors de l'élaboration de votre technique, ainsi que même lors de la mise au point d'éléments individuels, vous devez avoir à l'esprit un résumé de vos personnages.

Comment utiliser Twitter pour les entreprises

Maintenant que nous avons passé en revue les méthodes de construction d'une approche marketing sur Twitter, découvrons quelques étapes importantes que vous devez franchir pour profiter davantage de la puissance de Twitter pour votre propre entreprise.

1. Développer un profil qui se distingue.

Vous devez vous préparer au succès en adaptant votre compte. La dernière chose que vous désirez est une personne qui se détourne de votre compte Twitter - et peut-être aussi de votre service - puisque vous avez un œuf Twitter comme image de votre compte.

Veillez à afficher des photos attrayantes pour votre bannière et votre photo de profil. Alors que de nombreux noms de marque ont leur logo comme photo de profil, la bannière est l'endroit où vous pouvez obtenir un peu d'imagination avec vos couleurs ainsi que des images.

Si vous commencez simplement avec Twitter ou si vous avez un tout nouveau service, vous voulez faire en sorte que votre Twitter soit exceptionnellement pertinent pour votre entreprise. L'utilisation de votre nom de marque pour votre contrat sur Twitter peut sembler évidente, mais il existe un grand nombre de comptes Twitter. Que se passe-t-il lorsque votre nom est pris ?

Si votre marque est déjà utilisée par quelqu'un d'autre, vous pouvez ajouter un CTA au début du nom de votre entreprise. Vous pouvez également prendre des idées sur le compte Twitter de Slack, et ajouter "HQ" à la fin de votre manche.

Un autre point qui peut sembler être un petit détail est d'améliorer fréquemment votre tweet épinglé. Votre tweet Pinned peut concerner un événement de vente à venir, ou un nouveau projet de publicité et de marketing que vous avez simplement présenté. Quoi qu'il en soit, c'est la première chose avec laquelle votre marché cible s'engagera certainement puisqu'il reste au sommet de votre alimentation.

Il est également important que vous amélioriez votre résumé, le lien du site web et aussi le lieu. Tous ces points doivent figurer sur votre profil Twitter pour que vos abonnés reconnaissent encore plus votre service. Ils doivent être mis à jour et inspectés fréquemment.

2. Intégrez la valeur à votre contenu web.

Ajouter de la valeur à votre contenu web Twitter est extrêmement comparable à l'inclusion de valeur à divers autres matériels publicitaires. Vous devez toujours garder à l'esprit la personnalité de vos acheteurs, car le secret du développement d'un matériel entrant réussi est de donner à vos spectateurs l'impression que vous leur parlez directement.

Lorsque vous envisagez d'inclure la valeur sociale, essayez de vous demander si vos tweets font progresser une suggestion, divertissent ou éclairent le public. Sans l'un de ces trois éléments, votre matériel a toutes les chances d'échouer. En outre, sachez que l'objectif de Twitter est de créer des liens et de stimuler les conversations.

Si votre contenu web ne motive pas la discussion, il ne vaut pas la peine d'être publié.

Pour Twitter en particulier, vous devriez essayer de tirer le meilleur parti de votre limite de 280 caractères.

Les tweets multimédias permettent de distinguer votre organisation des autres, et les tweets avec images obtiennent 150% de retweets en plus. Commencez donc à mélanger votre contenu avec des clips vidéo et des photos. Personne ne souhaite voir exactement le même tweet "texte, CTA, lien" avec un aperçu en image sur son flux 24 heures sur 24, 7 jours sur 7.

Il y a aussi des moyens d'inclure des valeurs à votre compte Twitter qui sont des détails à Twitter. Les chats sur Twitter sont un excellent moyen d'interagir avec votre public et de lui poser des questions sur votre marque ou votre marché.

3. Maximisez votre contenu web.

Puisque vous avez inclus de la valeur à votre contenu, vous souhaitez vous assurer que les gens le voient. Vous pouvez optimiser votre contenu sur Twitter en utilisant différentes méthodes.

Les hastags sont un moyen très facile et typique de diffuser votre contenu web, mais vous souhaitez être attentif à la façon dont beaucoup d'entre vous l'utilisent. Utilisez un ou deux hashtags appropriés par tweet.

Si vous voulez avoir plus d'yeux sur votre contenu web, vous devriez également faire des recherches sur les hashtag. Voyez quels hashtags votre public utilise actuellement lorsqu'il discute de votre marque, puis adoptez-les vous-même.

Il faut tenir compte de la façon dont vous tweetez habituellement. 92% des entreprises tweetent plus d'une fois par jour, 42% tweetent une à cinq fois par jour et 19% tweetent six à dix fois par jour. Il est important de noter que votre marché cible n'est probablement pas sur Twitter simplement pour écouter votre marque, alors essayez d'éviter d'obstruer leurs flux avec du matériel inutile.

Essayez d'envoyer des tweets à un moment qui vous convient pour toucher encore plus de personnes. Beaucoup d'organisations twittent tôt le matin, à la pause déjeuner, ainsi qu'en début de soirée, car c'est à ce moment que leur public cible est probablement en ligne.

4. Engagez-vous avec votre public.

Il est essentiel que vous vous impliquiez régulièrement auprès de votre public sur Twitter en l'étiquetant dans vos messages, en réagissant à ses remarques ou même en lui offrant des cadeaux gratuits pour l'inciter à participer.

5. Passez au crible votre marque.

L'écoute sociale peut vous permettre de produire le type de contenu web que vos adeptes souhaitent vraiment, de trouver des originalités en fonction des tendances du marché, d'améliorer votre expérience de consommateur en interagissant directement avec les clients, ainsi que de modifier votre méthode pour répondre aux demandes de votre marché cible.

6. Résultats des actions.

Lorsque vous avez des objectifs et des buts en place, vous pouvez rapidement évaluer les résultats de vos performances sur n'importe quel site de réseau sociaux . Avoir des objectifs aide en outre à déterminer quand votre technique ne fonctionne pas, et peut aussi vous aider à vous rendre au meilleur endroit.

Pour déterminer vos résultats sur Twitter, vous pouvez vous diriger vers l'analyse de Twitter, située dans le menu déroulant lorsque vous cliquez sur votre compte en haut à droite de votre tableau de bord Twitter. Si vous n'êtes pas sûr de ce que l'analyse peut vous aider à compléter, jetez un coup d'œil à cet aperçu de l'analyse de Twitter.

Une idée de base pour mesurer votre efficacité sur Twitter est de moins se focaliser sur des mesures de vanité. Les mesures de vanité, comme les perceptions ou les suivis, sont généralement des chiffres élevés qui semblent bons en théorie mais qui ne vous aident pas à atteindre les objectifs de votre organisation.

Il est plus important de savoir combien de personnes ont cliqué sur le lien web que vous avez tweeté, ou combien de personnes se connectent et s'engagent avec vous sur l'ensemble de votre marché cible, afin de mieux comprendre quel contenu est le plus populaire auprès de votre public, et ce qui se traduit par le plus grand nombre possible de pistes.

7. Utilisez un dispositif Twitter.

Lorsqu'on utilise Twitter pour le service, se connecter au système à chaque fois que l'on publie peut devenir frustrant, et c'est honnêtement une chasse au trésor. Il existe de nombreux dispositifs qui vous permettent de programmer vos messages à l'avance, de sorte que vous n'avez pas à cliquer sur "Tweet" 30 fois par semaine.

Le dispositif de réseau sociaux de Mybook vous permet de publier sur les réseaux de réseau sociaux au même endroit que vous construisez des projets, et de programmer le contenu pour plus tard. Vous pourriez envisager de faire appel à Sprout Social ou Buffer.

8. Faire en sorte que le droit soit payé.

Il existe deux méthodes pour s'attaquer directement aux médias payants sur Twitter :

Tweet promotionnel

Annonces sur Twitter

Un tweet annoncé ressemble à un tweet normal et fonctionne exactement de la même manière, c'est-à-dire qu'il peut être retweeté, aimé et faire l'objet d'un devis. Twitter mettra vos tweets annoncés dans une campagne quotidienne visant le type de public que vous souhaitez atteindre, comme indiqué précédemment dans vos paramètres.

Si vous cherchez à faire de la publicité sur plusieurs types de tweets pour atteindre un objectif ou faire avancer une campagne, les annonces sur Twitter sont une excellente alternative.

Voici ce que vous devez savoir sur les annonces Twitter et les projets.

Pourquoi vous devriez rester sur Twitter

Peut-être que votre entreprise est sur Twitter depuis un certain temps et que vous vous sentez aussi peu créatif ou déçu. Il faut du temps pour développer un marché cible Twitter interactif et dédié, et il est également difficile de voir le contenu sortir avec peu ou pas de retour d'information. Cependant, en renonçant au système, vous éliminez une ressource importante de reconnaissance de la marque pour votre entreprise et vous rendez plus difficile votre découverte par les consommateurs.

Voici quelques raisons pour lesquelles vous avez l'intention de rester sur Twitter, même si vous ne vous sentez pas vraiment impressionné pour le moment.

1. Vos concurrents s'y mettent.

Il est probable que vos concurrents poursuivent des objectifs similaires, voire identiques, sur Twitter. Même si vous avez souvent l'impression de crier dans le vide, il est essentiel de disposer d'un matériel de qualité pour que les clients potentiels puissent le trouver.

Vous pouvez également obtenir des détails sur la méthode sociale de vos concurrents en surveillant leur présence sur Twitter. Une excellente méthode pour réorganiser votre propre stratégie Twitter consiste à examiner ce qui fonctionne - et ce qui ne fonctionne pas - pour vos concurrents.

2. C'est une excellente source de marketing totalement libre.

Cela peut dire non à la commercialisation gratuite ? Twitter est un excellent moyen de communiquer avec vos clients et d'amorcer un cycle de bouche à oreille. La réponse est très longue, surtout si vos consommateurs ont une expérience négative lorsqu'ils tweetent à votre sujet.

3. Vous pouvez utiliser Twitter pour augmenter vos ventes.

Peut-être que l'augmentation des ventes vous permettra de rester dans le coin si vous êtes du genre à dire non à la publicité et au marketing totalement gratuits. Twitter n'est pas seulement un système qui vous permet de faire connaître votre marque dans le monde entier, c'est aussi un endroit où les consommateurs viennent vous voir. 60% des fans d'une marque sont plus susceptibles d'acheter ou de conseiller des articles après avoir suivi la marque sur Twitter.

Répondre aux préoccupations sur Twitter.

De nombreuses personnes ont besoin de Twitter pour chercher des conseils et aussi des suggestions de leurs pairs. Dans cette astuce, vous allez rechercher ces personnes et les aider.

Essayez de chercher des points comme :

#(phrase de recherche) assistance.

Embauche d'un (phrase clé).

(mot-clé) recommandations.

C'est extrêmement simple, mais cela peut être un moyen extrêmement efficace de localiser les personnes qui ont besoin de ce que vous offrez en ce moment. S'ils recherchent une personne avec qui travailler ? Soyez honnête, permettez-leur de reconnaître que vous pouvez les aider, et fournissez-leur également un lien vers votre profil.

Collaborer avec des clients qui ont un marché cible important et impliqué.

Plus facile à dire qu'à faire, mais il y a quelque temps, une rédactrice de blog avec un public nombreux et dévoué m'a appelé pour concevoir son site de blog. Je ne savais pas comment elle m'avait trouvé car mon organisation était encore relativement petite à l'époque. Après avoir interagi, j'ai obtenu plus de 50 pistes et peut-être même plus de 20 clients grâce à mon lien en bas de son site. Cela m'a également amené à collaborer avec d'autres gros clients qui m'ont découvert via son site, qui est resté pour développer mon organisation, et a également été le plus grand tournant solitaire pour moi.

Plutôt que d'attendre un client important, pourquoi ne pas en choisir un seul ? De nombreuses personnes ayant de nombreux adeptes peuvent être impatientes de recevoir des solutions réduites ou gratuites en échange d'une promotion sur les réseau sociaux ou de votre lien sur leur blog.

Construire une présence énergique sur les sites de réseau sociaux .

Les réseau sociaux renforcent la confiance et augmentent votre portée. D'après mon expérience, j'ai reçu de nombreux clients en partageant mon contrat de conception avec Pinterest et Instagram. La clé ici est d'être une personne typique, pas un représentant de commerce. Vaporisez votre service dans vos postes communs, en partageant les coulisses chaque fois que vous le pouvez. Vos clients ont l'intention de travailler avec de vraies personnes et le fait de donner votre vie, associée à votre entreprise, suscitera une confiance particulière qui les encouragera à travailler avec vous.

De plus, les réseau sociaux développent également un battage publicitaire et une certaine exaltation, en particulier lorsque vous incluez d'autres individus. Si vous partagez une photo prise lors d'une récente célébration de mariage, étiquetez le couple et parlez de l'expérience de la mise à feu de leur célébration de mariage. Cela incite vos fidèles à penser : "Je désire qu'elle tire aussi sur MA célébration de mariage !

Instagram

Le fait de se conformer à un Instagram plus important peut suggérer plus de ventes pour votre service, encore plus de vues sur votre site de blog, et aussi un voisinage plus puissant pour votre marque. Comment se fait-il que certaines personnes aient des milliers de fans d'Instagram dans le monde ? Aujourd'hui, j'ai obtenu 11 suggestions concrètes pour vous aider à augmenter le nombre de vos adeptes Instagram.

1. Comme des photos dans votre niche.

J'ai assisté à un séminaire sur Internet où Susan Petersen (PDG de Freshly Picked) a expliqué comment elle a étendu son Instagram pour qu'il compte pratiquement 400 000 adeptes. (Aujourd'hui, elle en a plus de 800 000 !) Elle a dit qu'au début, elle investirait certainement des heures comme les images des autres chaque soir. Son pointeur ? Passez et aimez aussi 5 à 10 photos sur le compte de quelqu'un. Il serait également utile de laisser une véritable remarque et de leur donner une adhésion. Cela aide à faire connaître votre nom et permet à divers autres utilisateurs de vous trouver. Je recommande également de le faire en priorité pour les personnes qui se trouvent dans votre créneau spécifique. Comment découvrir des utilisateurs dans votre domaine particulier ? Examinez les hashtags, ou regardez les fans de vos

Instagrammers préférés. En général, soyez authentique et ne faites pas de spam - personne n'a le temps de faire du spam.

2. Créez un thème pour vos photos.

Cool, donc si vous avez adhéré au point 1, les gens vont normalement commencer à découvrir votre nom d'utilisateur et pourraient examiner votre compte ... donnez-leur de quoi tomber amoureux ! J'ai constaté que cela aide vraiment à développer un style pour votre Instagram. Quels mots utiliseriez-vous certainement pour votre compte ?

3. Socialiser.

On n'appelle pas ça des réseaux sociaux pour rien ! Répondez aux remarques que vous recevez et laissez vos propres remarques sur le travail des autres. Par opposition à quelque chose de stagnant comme "tenue adorable", essayer de laisser de vrais commentaires et des demandes de renseignements qui les motivent à télécharger encore plus de photos.

4. Développez un hashtag et encouragez les autres à l'utiliser également.

C'est une méthode formidable pour développer le voisinage et acquérir un tout nouveau contenu web pour votre compte. Tout d'abord, créez un hashtag spécial (assurez-vous qu'il n'est pas utilisé actuellement !) et demandez à d'autres personnes de l'utiliser. Si le hashtag a un objectif particulier, il fonctionne de manière idéale. Par exemple, A Beautiful Mess motive les adeptes à utiliser #ABMLifeIsColorful sur chacune de leurs photos vivantes et ravies. Aussi !) une fois que les gens commencent à utiliser votre hashtag (ainsi que VOUS l'utilisez, alors vous pouvez redéposer des photos de vos fans (en fournissant le crédit correct, évidemment !). Non seulement cette communauté se construit en montrant à vos adeptes que vous appréciez leurs photos, mais elle vous donne en plus du contenu web pour votre propre compte.

5. Organisez un concours.

Essayez d'organiser un concours si vous avez quelque chose que vous aimeriez donner. Quelques concepts ? Demandez aux clients de redéposer une photo particulière et de vous étiqueter dans le sous-titre. Demandez-leur de vous suivre. Ou invitez-les à utiliser vos images de hashtag par eux-mêmes. Vous pouvez même essayer un cadeau gratuit en boucle, si vous voulez travailler avec d'autres Instagrammers.

6. Utilisez les histoires d'instagram !

Que vous le pensiez ou non, la popularité d'Instagram Stories augmente rapidement, pour atteindre plus de 400 millions de clients quotidiens. Emmenez vos fans dans les coulisses et révélez leur les moments les plus intrigants de votre journée. C'est un moyen impressionnant de commencer à se familiariser avec la vidéo et de s'attacher à ses fans de manière encore plus profonde.

7. Motiver les adeptes à agir.

Demandez-leur de "tel que" votre image s'ils sont d'accord avec elle ! Demandez à vos disciples d'identifier un ami ! Si vous diffusez le concept, cela motivera certainement vos fans à agir de manière appropriée.

8. Géotagiez vos photos.

Publier une image de cet étonnant restaurant ou de cette ville que vous avez récemment vue ? De cette façon, d'autres personnes qui ont utilisé le même géotag peuvent voir votre photo et éventuellement vous suivre étant donné que vous avez actuellement beaucoup de choses en commun (comme ce salut français que vous avez eu tous les deux le week-end dernier).

9. Découvrez ce qui plaît à votre public.

Faites une petite étude de recherche, yo. Revenez sur vos photos et voyez celles qui ont été le plus appréciées et aussi commentées - et évidemment, le moins. Qu'est-ce qui clique avec votre public et pourquoi ? Comment pouvez-vous intégrer davantage de photos de ce type dans votre flux ?

L'analyse est ici aussi essentielle. Vous pouvez utiliser Tailwind pour évaluer les résultats, suivre les conversions et découvrir de nouveaux contenus.

10. Reliez votre compte instagram à vos autres réseaux.

Vous pouvez supposer que vos individus vous suivent déjà sur toutes les plateformes si vous avez un blog, Twitter ou Facebook. Conseil : il est fort probable que ce ne soit pas le cas ! Partagez un tweet rapide ou un message Facebook les incitant à vous suivre sur Instagram ... cela attirera certainement plus de followers que vous ne le croyez. Cela aidera vos adeptes sur d'autres réseaux à trouver votre compte Instagram - et à continuer à vous y suivre également !

11. Approchez les utilisateurs populaires pour qu'ils collaborent.

Sortez des sentiers battus ! Demandez à un Instagrammer supplémentaire dans votre niche spécifique si vous pouvez "prendre le contrôle de son compte" pour la journée en tant que facteur d'accueil. Les reprises d'Instagram Story sont une véritable explosion et peuvent aussi vous permettre d'étendre considérablement votre respect des règles. Ou lancez un défi Instagram avec des déclencheurs quotidiens. Enfin, pensez à des moyens amusants et créatifs de travailler avec d'autres utilisateurs.

Intérêt

Cinquante pour cent de tous les millénaires américains utilisent Pinterest. Il ne s'agit pas simplement de jeunes qui conservent leurs concepts sur le réseau : 68 % des Américaines âgées de 25 à 54 ans utilisent également Pinterest.

Si vous n'avez pas de stratégie solide en place pour savoir comment utiliser Pinterest dans le cadre de votre approche commerciale, vous perdez des possibilités essentielles pour atteindre de nouveaux clients potentiels.

Pourquoi utiliser Pinterest pour le service ?

Les individus utilisent Pinterest pour d'autres raisons que celles liées à l'utilisation de réseaux comme Facebook et Instagram. Pinterest est un réseau où les individus essaient de trouver des idées, notamment en choisissant des idées concernant des produits neufs à acheter. Cela indique qu'ils sont enthousiastes à l'idée de voir des articles de blogs de marques dans leurs flux. Selon eMarketer, seul Facebook dépasse Pinterest en termes d'influence sur les choix d'achat des utilisateurs américains de réseau sociaux .

Parmi les nombreuses autres possibilités de réseautage social, il y a plusieurs raisons pour lesquelles vous pourriez avoir l'intention de vous intéresser à Pinterest, le site de réseautage qui permet aux individus de développer des collections de photos en ligne, puis de partager ces collages (appelés "pinboards") avec d'autres clients de Pinterest, et peut-être même de le faire figurer sur votre liste de contrôle des préoccupations en matière de publicité et de marketing. Jetez un coup d'œil à ces statistiques :

Pinterest compte actuellement plus de 70 millions de visiteurs distincts (depuis 2014), et d'innombrables nouvelles personnes s'inscrivent et utilisent le site web chaque jour.

Selon le site de partage de contenu Shareaholic, Pinterest génère un trafic supplémentaire sur les sites Internet et les blogs par rapport à Twitter, YouTube, Google+ et LinkedIn incorporated.

Vous avez peut-être entendu dire que Pinterest n'est bon que pour la commercialisation de produits physiques (comme les bijoux de mode ou les vêtements) que l'outil des réseau sociaux ne peut être utilisé que pour commercialiser auprès des femmes. Ces rumeurs ne sont pas vraies : L'intérêt est excellent pour commercialiser pratiquement n'importe quel produit ou service, quel que soit le public visé.

Vous devriez utiliser Pinterest si :

Vous avez une histoire intrigante à raconter avec des clips vidéo ainsi que des images. General Electric, qui n'est pas une entreprise qui se présente comme capable de faire quoi que ce soit de fascinant avec un compte Pinterest, a créé des tableaux d'affichage à la mode comme "Brilliance in Motion" qui informent leur histoire par des moyens visuellement fascinants.

Vous voulez vous établir comme spécialiste de votre sujet. Pinterest est un excellent système de conservation du contenu du web, et des entreprises intelligentes l'utilisent également à cette fin. Vous pouvez étendre ce partage à votre système Pinterest en utilisant des pins et aussi des tableaux comme outil de partage de signets sociaux si vous partagez régulièrement du contenu en utilisant des tweets ou des mises à jour Facebook.

Lorsque vous avez l'intention d'interagir avec vos clients et de travailler en collaboration avec eux selon une méthode esthétique. Si vous êtes un fournisseur et que vous avez fréquemment l'occasion de conceptualiser et de travailler avec vos clients, Pinterest sera un outil formidable pour vous.

Il suffit de quelques minutes pour développer votre compte Pinterest organisation. Dès que votre compte est établi, vous pouvez développer sur Internet des collages ("boards") pour différents sujets qui vous intéressent, puis inclure des clips vidéo ainsi que des photos dans vos boards en les "épinglant". L'interface utilisateur est rapide, brillante et aussi amusante.

Une grande partie du contenu de Pinterest (jusqu'à 85 %, selon des chiffres récents) est "repensé" par d'autres utilisateurs. Vous pouvez donc vous démarquer en introduisant régulièrement de nouveaux contenus étonnants provenant de sites Internet extérieurs et de blogs. Et gardez toujours à l'esprit votre public cible lorsque vous épinglez - vous voulez épingler fréquemment du contenu que vos prospects ainsi que vos clients découvriront certainement utile, amusant ou fascinant.

Intérêt pour les entreprises

Étant donné que Pinterest est un peu différent des autres réseau sociaux , avant de discuter de la façon dont nous pouvons utiliser Pinterest pour la société, voici un bref aperçu de quelques termes essentiels de Pinterest.

Des épingles : Un Pin est simplement une image ou une vidéo que quelqu'un choisit de sauvegarder pour Pinterest Pour les entreprises, le lien Internet est plus important que la photo elle-même : Chaque épingle renvoie à la source initiale, de sorte que Pinterest peut être une ressource fantastique de trafic de sites web de référence.

Les conseils d'administration : Les clients de Pinterest (appelés "Pinners") conservent une grande quantité de choses - un nombre incroyable de 100 milliards de pins par jour. Pour que les points soient bien rangés, ils trient leurs pins directement dans des collections appelées tableaux. Par exemple, les tableaux du compte

Hootsuite Pinterest comprennent des études de cas, des bonnes pratiques et des modes, et des infographies.

Les pinners peuvent suivre votre compte dans son intégralité, ou simplement les forums spécifiques qui les fascinent le plus. Alors, les pins que vous conservez apparaîtront certainement dans leur alimentation.

Nourrir : Un flux Pinterest est un peu comme un flux sur n'importe quel autre réseau social - c'est une collection de liens et de matériel provenant de forums ainsi que d'utilisateurs que le Pinner a effectivement suivis.

Comment attirer les clients par l'intérêt.

Lorsque vous avez obtenu l'essentiel de Pinterest down, comment exactement utiliser l'épingle pour entrer réellement en contact avec votre marché cible ? Vous trouverez ci-dessous 5 recommandations pour utiliser Pinterest afin de construire des relations réelles et durables avec vos prospects :

Marquez divers autres clients de Pinterest avec n'importe quel pin's en utilisant "@nom d'utilisateur" dans vos résumés. Il n'y a pas une tonne de commentaires sur Pinterest (et encore moins de remarques qui marquent les utilisateurs privés), donc si vous vous engagez de cette façon, cela peut vous aider à développer votre public et à vous démarquer.

Une autre indication est de "ressembler" régulièrement aux épingles d'autres personnes lorsque vous souhaitez identifier du matériel merveilleux. C'est un moyen très facile de s'engager avec d'autres clients d'une manière amicale et personnelle.

Votre tâche sur Pinterest est de collecter et d'afficher un contenu remarquable dans votre créneau - et cela fait de vous un conservateur.

Votre tâche en tant que conservateur en ligne est de faire la même chose pour votre marché cible numérique.

Être conservateur de Pinterest implique que vous sélectionniez les meilleures images, puis que vous les arrangiez d'une manière intrigante qui profite à votre public principal. Pour faire simple, vous sélectionnez toutes les meilleures images liées à votre sujet et vous les fixez sur vos tableaux.

Si vous faites un excellent travail, vous développerez votre autorité, et les individus se tourneront vers vous pour obtenir des photos et du contenu de qualité sur votre sujet. Lorsque cela se produira, vous pouvez parier qu'ils vous reviendront sans cesse, vous offrant ainsi de nombreuses occasions de leur parler de votre site de blog ou de votre site internet. Cela vous aide à devenir un expert de confiance qu'ils seront heureux d'acheter également.

Vous pouvez commencer à vous faire une bonne réputation auprès de votre voisinage en incluant du contenu généré par les utilisateurs sur vos tableaux d'affichage. Mettez en place un programme "Guest Pinner" pour votre compte Pinterest, et permettez à vos meilleurs clients étudiants d'épingler sur certains tableaux.

Proposez à vos visiteurs des directives de base sur le matériel (veillez à ce qu'ils sachent clairement qui est votre marché cible et aussi le genre de choses que vos adeptes aiment), puis incluez-les comme partenaires sur le tableau et établissez-les en vrac pour épingler les clips vidéo ainsi que les images. Vous serez étonné de voir le merveilleux matériel créé par vos pins invités, et ils seront également ravis d'obtenir encore plus d'intérêt pour leurs propres comptes Pinterest !

Développez des tableaux pour les séminaires auxquels vous participez. L'épinglage peut être utilisé pour créer des réseaux dans le passé, pendant et aussi après des événements et des réunions en direct. Avant l'événement, vous pouvez épingler et aussi écrire un article sur les sessions auxquelles vous allez assister ainsi que sur les personnes avec lesquelles vous avez l'intention de vous connecter (voir à ce sujet pour vous connecter à leur tableau d'affichage ou à leur blog, également).

Pendant la conférence, vous pouvez partager des photos et aussi des clips vidéo des sessions, des présentateurs et de divers autres participants. Après l'événement, faites des épinglettes post-conférence pour partager vos activités de suivi et discuter de ce que vous souhaitez réaliser avec les connaissances que vous avez acquises et les personnes avec lesquelles vous avez eu des contacts.

Conseils pour créer une croissance de la clientèle sur Pinterest

Toutes les entreprises demandent à leurs nouveaux clients de se développer. Pourtant, les stratégies de marketing sur Internet se concentrent souvent sur les clients qui comprennent actuellement ce qu'ils ont l'intention d'acquérir - plutôt que d'augmenter leur portée pour inclure également les personnes qui ont déjà participé à leur voyage d'achat.

Cela peut contribuer à encourager le développement et aussi rester pour développer de nouveaux clients. Les entreprises qui développent l'un des plus grands nombres de clients sur Pinterest font 3 points vraiment bien :

Faire face à l'imprévu

98% des Pinners déclarent avoir essayé des choses toutes neuves qu'ils trouvent sur

Pinterest.1 Le mot fascinant ici est "nouveau". Une recherche qui commence par "le 4 juillet" pourrait donner lieu à des "événements estivaux", qui pourraient ensuite conduire à une recherche de "mobilier d'extérieur". C'est exactement comme cela que fonctionne l'exploration. Si votre entreprise est mise en ligne dans des endroits inattendus mais néanmoins pertinents, la probabilité que les gens conservent votre pin ou cliquent sur votre publicité peut augmenter. C'est l'endroit idéal où une personne devient un client.

Vous visez simplement les termes de marque ou de produit attendus en ligne en ce moment ? Cela pourrait suggérer que vous obtenez simplement une quantité particulière de clients plutôt que d'ajouter de la croissance et de produire de nouveaux clients.

Pour développer les consommateurs, utilisez le grand intérêt de Pinterest en ciblant des alternatives pour mettre vos pins à droite autant que le côté de la signification - où les individus trouvent de nouvelles idées et aussi les entreprises découvrent de nouveaux clients. Introduire des projets d'intérêt général ciblant tous les placements, et améliorer au mieux la réalisation des sous-intérêts.

Informer les grands contes

Votre pin apparaît comme une publicité de 2005 ? Cela conduit-il à une page de renvoi qui n'a rien à voir avec le pin ? Si votre réponse était oui, c'est que vos taux de clic ou de conversion ne sont pas là où vous le souhaiteriez.

Les meilleures épingles à nourrice mènent les Pinners à des originalités avec des histoires intéressantes. Une épingle "idée d'abord", avec le produit ou l'avantage comme héros du conte, doit transmettre clairement et immédiatement votre concept. Fournissez un appel téléphonique clair à l'activité (voir, acheter, essayer) dans la photo ou la description de l'épingle.

Donner aux Pinners une raison d'agir avec une proposition de valeur claire (offre spéciale, avantages, vente, coût). La description de l'épingle doit également comporter des informations telles que la marque, l'article, ainsi que les fonctions ou avantages essentiels. De même que votre page web de touchdown doit compléter le récit, en satisfaisant le désir créé par l'Épingle.

Offrir une cote de crédit lorsque les échéanciers de crédit

Alors comment comprendre si vous développez de nouveaux consommateurs ? Vous devez reconnaître d'où ils viennent ; les clients ne sont pas simplement descendus sur votre porte d'entrée. Ils sont motivés, fiancés, aimés - et finalement ils achètent.

Pour vous assurer que vous produisez des consommateurs, utilisez une fenêtre d'attribution de 30 jours pour reconnaître où et comment exactement vos clients les plus précieux sont produits.

Gérez vos campagnes

Tout comme vous vous occupez de vos clients, vous devez vous occuper de vos projets. Posez vous-même ces questions au moment où vous les posez :

Mon ciblage m'aide-t-il à atteindre les gens par des méthodes nouvelles et imprévues ? Est-ce que je développe ou collecte des clients ?

Mon pin raconte-t-il une histoire formidable et conduit-il à un endroit où quelqu'un peut agir ?

Est-ce que je raconte une merveilleuse histoire avec mes pins et aussi mes pages de renvoi ?

Si j'élargis ma clientèle, la configuration de ma fenêtre d'accueil d'accusé de réception me permet-elle d'évaluer avec précision ?

Suivi avec les clients potentiels

Vous avez peut-être reçu des courriels de clients qui, au début, vous ont posé des questions sur vos services et qui ne vous ont jamais répondu. Faites un suivi avec eux et envoyez-leur un e-mail. Essayez quelque chose comme :

Hé (nom) !

Je voulais juste vérifier avec vous si vous pouviez examiner mes plans ou si vous aviez des questions à me poser. Souhaitez-vous établir un appel téléphonique rapide dans le courant de la semaine ?

Si vous vous sentez fort et que vous souhaitez réellement améliorer votre entreprise, vous pouvez même envoyer un courriel à des personnes qui n'ont jamais donné suite à votre demande et leur demander pourquoi elles ont décidé de ne pas acheter chez vous. C'est révélateur et également risqué, mais cela peut être l'une des choses les plus utiles et les plus fiables que vous faites pour stimuler votre entreprise. Essayez quelque chose comme :

Hé (nom),.

En tant que propriétaire d'un tout nouveau service, je suis impatient de trouver des moyens d'améliorer mon entreprise ainsi que l'expérience de mes futurs clients. Si vous êtes prêt à le faire, j'aimerais certainement savoir pourquoi vous avez décidé de ne pas programmer mes services.

Comment assurer le suivi des clients potentiels de la bonne manière.

Selon mon expérience, le suivi des clients potentiels est en fait plus crucial que votre première présentation.

Quand on fait sortir la première réunion du parc, l'un des meilleurs sentiments en tant que vendeur est. Vous avez enthousiasmé le client ; il a adoré le produit et aurait pu aussi vous donner l'engagement verbal. Vous supposez que ce client est proposé aussi bien qu'actuellement, il vous suffit de savoir comment utiliser l'argent.

Mais deux semaines plus tard, les papiers ne sont toujours pas signés. Un mois passe et en plus, on devient fou. Juste après, vous vous rendez compte que votre client potentiel a choisi votre concurrent à la place. Que s'est-il passé ? Comment quelqu'un peut-il se présenter ainsi vendu puis ne pas subir ?

Bien que les raisons en soient nombreuses, une cause importante est le fait que trop peu d'individus se concentrent sur l'adhésion à l'up. C'est en restant fidèle à votre client après une réunion formidable que vous gardez le contrôle.

La vérité est que de nombreux entrepreneurs, sociétés et propriétaires d'entreprises locales sont super actifs, de sorte qu'un discours peut passer inaperçu au départ. Il se peut aussi qu'elle ne se souvienne pas. Que faites-vous lorsque vous n'avez absolument rien entendu, même pas un silence radio, après avoir tenté de gagner un service ?

Voici quelques moyens de suivre les clients éventuels :.

Personnalisez votre suivi.

N'envoyez pas à votre client potentiel quelque chose que vous avez déjà envoyé à un million d'autres personnes. Montrez à votre client potentiel que vous vous souciez vraiment de lui et que vous souhaitez avoir la possibilité de traiter avec lui en composant un e-mail personnel.

Essayez de garder à l'esprit les informations sur votre réunion si vous en aviez une ou peut-être de citer leur article, podcast ou tweet le plus récent. Elle révèle que vous êtes attentif à leur entreprise et que vous souhaitez toujours avoir la possibilité de collaborer avec eux. Ces petits détails peuvent vraiment avoir un impact sur votre suivi. Aussi, ne négligez pas de les désigner par leur nom !

Ne poussez pas et ne lancez pas à nouveau.

Étant donné que vous avez actuellement informé votre client potentiel de ce que vous pouvez lui fournir, il n'y a aucune raison de reproduire ces détails dans votre suivi. Rafraîchissez plutôt leur mémoire de qui vous êtes et dites-leur comment vous pouvez les aider à se simplifier la vie (et pas seulement comment ils peuvent vous faciliter la vie !).

Si vous êtes extrêmement insistant, vous risquez fort de nuire à vos chances de recevoir un appel ou un courriel en retour. Alors, essayez de ne pas être trop hostile. L'idéal serait d'assurer un suivi simple en affirmant que vous êtes intéressé et en expliquant comment vous pouvez les aider.

Restez cohérent.

Ce n'est pas parce qu'un client ne donne pas suite immédiatement qu'il n'a pas l'intention de travailler avec vous. Après votre présentation initiale, faites un suivi quelques jours plus tard. Essayez de nouveau une semaine plus tard si vous n'avez toujours pas entendu de coup d'œil.

Lorsque vous avez fait deux suivis, essayez d'en faire un autre quelques semaines après le dernier, ce qui vous permettra certainement de vous assurer que vous avez eu la possibilité d'obtenir un concert 4 fois, sans leur envoyer de courriels cohérents. Essayez d'attendre une paire de mois, puis essayez de nouveau si vous voulez essayer encore une fois.

Vous pouvez élaborer une feuille de calcul ou un registre pour vous souvenir du nombre de fois que vous avez suivi une personne. Cela vous permettra certainement de rester organisé et vous aidera également à vérifier quelques types de courriers électroniques.

Quand s'arrêter, savoir.

Si vous n'avez toujours rien écouté après quelques suivis, il est peut-être temps d'arrêter d'essayer. Tous les clients possibles ne souhaiteront pas vous engager ou utiliser vos solutions.

Inévitablement, rester en contact et assurer le suivi peut sembler aggravant et difficile au début, mais ce n'est pas forcément le cas. Vous pouvez suivre les clients potentiels de la bonne manière, tout en gardant votre tranquillité d'esprit. Il suffit d'être constant et poli sans les spammer, et vous serez également surpris du nombre d'affaires que vous gagnerez.

Voici quelques points clés à retenir lorsque vous intervenez dans une conférence de vente

1. Envoyez des informations de suivi immédiatement après

Je veille constamment à apporter un accord avec moi à chaque réunion de vente. Dans le cas peu fréquent où le client a l'intention de signer tout de suite un accord, j'ai l'intention d'être préparé. Une action merveilleuse qui fonctionne après est l'envoi d'un e-mail avec toutes les informations et aussi l'accord que vous avez distribué lors de la conférence. Une autre bonne suggestion est d'envoyer des maquettes de votre produit et aussi des témoignages de clients. J'en arrive à penser que si mon client potentiel souhaitait informer une personne sur mon article, toutes les informations dont il aurait certainement besoin se trouveraient dans mon courrier électronique de suivi.

Lors de votre première rencontre, vous aurez beaucoup d'inquiétudes de la part du prospect. Incluez-le dans une liste de contrôle principale FAQ, puis envoyez-le dans votre courriel de conformité. Il est ainsi plus simple pour le consommateur d'évaluer les points de votre conférence et il peut les partager avec d'autres si nécessaire

2. Répétez les points qui ont enthousiasmé le client

Lorsque votre possibilité quitte votre première conférence avec enthousiasme, il vous appartient de maintenir cette exaltation. Un excellent moyen d'y parvenir est de mettre en évidence les points clés dans un courriel de suivi qui a provoqué l'arrivée de votre client. Pour ce faire, vous devez vous assurer que vous surveillez le langage corporel de votre client tout au long de la vente.

Vous remarquerez que certains mots font sourire ou hocher la tête de votre client s'ils sont bien prononcés. Lorsque vous aurez pris connaissance de ces réponses, notez ces mots tout au long de la réunion. Vous comprenez maintenant quelles phrases cruciales doivent figurer dans votre courrier électronique de suivi pour maintenir le pouvoir de faire l'offre. Vous prenez le risque que le prospect examine d'autres options si vous n'êtes pas en mesure de le faire. Tant que l'acheteur reste motivé et engagé, vous pourrez respecter le calendrier de clôture de la vente.

3. Indiquez un point sur lequel vous êtes d'accord dans votre suivi

L'une des suggestions que j'ai découvertes utiles dans le domaine de la vente est l'approche de Grant Cardone qui consiste à se mettre d'accord avec son client. Ce faisant, il développe le partage de la confiance et votre possibilité de vous apprécier sera beaucoup plus facile.

C'est une technique parfaite à utiliser dans votre courriel ou votre appel téléphonique de suivi. Retournez à votre réunion et trouvez une déclaration essentielle sur laquelle vous et votre consommateur vous êtes mis d'accord. Dans votre suivi, réaffirmez votre position sur ce point. Cela aidera certainement votre client à croire que vous êtes la meilleure personne avec qui traiter, et cela vous apportera aussi un avantage. Pourquoi envisager d'autres choix d'acquisition alors que le vendeur et moi avons la même vision des choses ? Les particuliers ont l'intention d'acheter à d'autres personnes qui partagent des points de vue comparables. En répétant les similitudes que vous avez dans le suivi, vous rendez la tâche beaucoup plus difficile à votre client pour vous mettre à l'écart.

Thèmes de suivi confirmés pour obtenir une action

Le courrier électronique est peut-être l'un des moyens les plus logiques et les plus pratiques de suivre vos clients potentiels après la première introduction ou proposition, mais il présente un inconvénient très sérieux. Comment éviter que vos e-mails ne disparaissent tout simplement dans l'éther de la boîte de réception débordante de votre prospect ?

Ne vous inquiétez pas !

Nous avons l'astuce pour nous occuper de pratiquement toutes les circonstances de vente qui nécessitent un suivi. À la fin de cette section, vous serez armé d'une collection de courriels de suivi qui augmenteront considérablement le prix de réaction de vos prospects, vous permettant ainsi d'augmenter vos ventes à l'avenir.

Nous avons compilé 15 modèles de conception que vous pouvez utiliser pour couvrir pratiquement tout type de scénario de vente. Nous avons également inclus quelques suggestions sur le moment où il convient de les envoyer, car votre timing est généralement aussi essentiel que le message. En modifiant, en adaptant et en découvrant ces modèles de conception, vous pouvez augmenter considérablement votre taux de fermeture.

Emails de suivi : Comment, qui et quand

L'une des meilleures leçons que tout vendeur doit apprendre est que les clients vont certainement acquérir lorsqu'ils se préparent à acheter.

Tous les vendeurs aiment les pistes de clients potentiels, le genre de pistes qui s'acquièrent instantanément et qui demandent le moins d'efforts possible. Pourtant, les pistes de clients potentiels ne représentent qu'un faible pourcentage de votre nombre total de pistes. Les ventes réelles se font avec des pistes agréables ou intéressantes

Il y a trois lignes directrices que vous devez simplement respecter lorsqu'il s'agit de suivre ces pistes :

La persévérance sera certainement récompensée. Vous devez jouer au jeu vidéo long ainsi qu'un suivi constant sur une longue période.

Veiller à ce que les ventes et le marketing soient alignés et à ce que les rôles soient clairement définis en matière de suivi.

Vous avez besoin d'un système. Un bon CRM de vente comme Pipedrive contribuera certainement à mettre fin à des situations embarrassantes comme la duplication de courriels ou le fait de donner l'impression à vos clients potentiels qu'ils sont victimes de spam.

Alors que le premier et le troisième point ci-dessus sont assez simples, de nombreuses entreprises se battent avec le deuxième point. Alors que la publicité est généralement chargée de créer des prospects ainsi que les ventes de les fermer, le suivi peut être déroutant.

Le travail d'équipe permet de conclure plus d'accords

Qui travaille à chauffer les pistes ? Nous suggérerions certainement un système qui utilise une synergie bien structurée. Veillez à ce que la publicité, le marketing et les ventes travaillent ensemble pour réchauffer les prospects et gardez toujours à l'esprit les points suivants

Il est essentiel que vous envoyiez régulièrement, sans interruption et souvent, des informations pertinentes et utiles à chaque prospect.

Rendre la communication avec les prospects efficace. C'est pourquoi notre modèle d'approche, si vous avez une énorme liste de prospects, un contact individuel devient tout simplement coûteux et peu pratique.

Suivi et enregistrement. Un système comme Pipedrive s'assure que chaque contact est enregistré et que les nombreux suivis sont correctement organisés et exécutés. Si vous prévoyez de développer votre entreprise, les feuilles de calcul et les rappels de calendrier ne suffiront pas.

Faites préparer vos produits. Votre groupe a besoin d'une boîte à outils contenant des informations spécifiques, précieuses et intéressantes que vous pouvez utiliser pour élaborer votre message de suivi. Il n'y a absolument rien de pire qu'un courriel de suivi qui n'a aucun contenu. Ne jamais pousser.

Le timing est primordial pour le suivi des courriers électroniques

Il est utile de se rappeler que si vos clients potentiels sont présents dans votre esprit au quotidien, ce n'est pas exactement la même chose qui se passe à l'inverse. Vous vous attaquez à des entreprises concurrentes, à d'autres offres, et aussi à la faillibilité de la mémoire humaine.

Vous devez vous assurer de rappeler à vos prospects que votre produit ou votre service fait partie de la routine, à des intervalles bien équilibrés et planifiés.

Connaître son client" sera certainement toujours la première règle de la vente et c'est aussi la règle d'or pour la composition de votre méthode de suivi.

En général, vous souhaiterez faire la deuxième touche rapidement après la première. 1 ou 2 jours est optimal. Rappelez à la perspective qui vous êtes ainsi que ce que vous avez vécu et suggérez ou demandez une action suivante.

L'astuce existe en outre en aval. Connaissez-vous le cycle d'achat suivi par les clients potentiels ? Existe-t-il une fenêtre de budgétisation ou d'achat dont vous êtes conscient ?

Vous avez peut-être des détails sur les offres qu'ils ont faites à vos rivaux ? Veillez à bien préparer ces occasions. De nombreux accords ont en fait été conclus des mois, voire des années, après la discussion préliminaire, avec beaucoup de timing et de détermination

Assez parlé : Allons à ces modèles de courrier électronique

Cas d'utilisation : Après la conférence préliminaire

Vous avez rencontré la possibilité et vous avez expérimenté votre argumentaire de vente. Vous avez quitté la réunion avec le sentiment que vous venez de conclure un accord, et pourtant vous êtes là, trois jours plus tard, et vous n'avez pas eu de nouvelles d'eux.

Il s'agit du traditionnel courriel de "rappel discret" ou de "base touchante". L'astuce ci-dessous consiste à déplacer la conversation vers l'avant et à fournir un élément concret de réponse.

1. Objet : Êtes-vous prêt pour un suivi

Je vous écris pour vous remercier de votre temps et pour savoir comment vous aimeriez déplacer le conversation à venir.

Si vous êtes toujours intéressé, veuillez proposer une action suivante.

J'attends votre réponse

Bien qu'il soit très important d'offrir aux prospects autant d'informations que possible au départ, il est fantastique de pouvoir assurer un suivi si une question est restée sans réponse ou a nécessité un rendez-vous de votre part. Il pourrait même être utile de développer cette circonstance dans votre argumentaire de vente.

2. Objet : Bonne information. J'ai les détails que vous avez demandés

J'ai contacté notre service comptable/mon patron/notre entrepôt et ils seraient certainement très heureux de préparer [demande spéciale].

Laissez-moi vous dire comment vous souhaitez suivre ici.

[Signature] Lorsque vous commercialisez un produit ou un service de nature très complexe ou qui nécessite une proposition ou un prix sur mesure, vous aurez certainement du travail à faire après la réunion préliminaire.

Ce n'est que l'un des suivis les plus faciles à composer, et pourtant de nombreuses personnes se trompent encore en essayant de mettre tous les détails dans le corps du courriel. Lorsqu'un prospect voit et ouvre également un e-mail qui ressemble à un texte d'une histoire entière, il vous méprisera certainement, ainsi que votre produit, en général. Donnez-leur toutes les informations dont ils ont besoin tout en leur permettant de les découvrir en temps voulu et vous obtiendrez également beaucoup plus de retours d'information.

3. Objet : Voici l'information que vous avez demandée

Bonjour [Nom],

En fait, j'ai apprécié de discuter avec vous plus tôt dans la journée et d'en savoir plus sur la façon dont vous et [leur entreprise] avez promis de vous fournir encore plus d'informations.

Veuillez me faire savoir quand vous aurez eu l'occasion de consulter ces informations et j'aimerais certainement aussi vous proposer de nous contacter pour en prendre connaissance. Je serais certainement plus qu'heureux de répondre à toutes vos préoccupations. N'hésitez pas à m'appeler à [votre numéro] à tout moment.

[Signature] Cas d'utilisation : Suite à un événement déclencheur

On pensera que vous utilisez une sorte de suivi ainsi que des analyses sur vos e-mails. Si ce n'est pas le cas, allez vous procurer un appareil pour le faire maintenant, nous attendrons votre retour avant de continuer. Vous en avez un ? D'accord, laissez faire. Si vos analyses montrent qu'un prospect a ouvert votre e-mail précédent, a cliqué sur un lien et a également visité votre site, vous devez absolument frapper pendant que le fil est chaud. Il existe deux alternatives, et celle que vous utiliserez dépendra certainement de votre conception de la vente et de votre personnalité.

4. Objet : Vous souhaitez encore plus de détails ?

Salut [Call],

Je compte sur le fait que vous avez eu la possibilité d'examiner mon précédent courriel ainsi que de considérer notre site Internet, j'ai donc pensé qu'il méritait certainement de s'inscrire à nouveau auprès de vous.

Avez-vous apporté des idées supplémentaires à ma proposition ? Je serais certainement heureux d'en faire un rapide examen au téléphone et de répondre à toutes les questions que vous pourriez avoir.

Quand vous conviendrait-il d'avoir une discussion rapide ?

L'autre option est beaucoup plus simple.

5. Objet : Je vois que vous vous intéressez à [nom de l'entreprise] Salut [appel] J'espère que cela ne vous donne pas la chair de poule, mais je vois que vous avez lu mon précédent e-mail et que vous avez également visité notre site (les merveilles de l'innovation moderne). Je pense que ce sera le moment idéal pour poursuivre la conversation.

Lorsque je pourrai fixer un moment pour venir vous voir et vous emmener également via ma stratégie sur la façon dont nous pourrions fonctionner ensemble, je vous prie de me le faire savoir.

J'attends avec impatience de recevoir vos réponses.

[Marque] Cas d'utilisation : Lorsqu'un prospect a des affaires non terminées

En général, la personne que vous avez rencontrée au départ n'est pas le décideur et doit également s'absenter pour parler à ses collègues ou à son employeur. Vous souhaitez leur laisser suffisamment de temps pour le faire, mais aussi maintenir l'avance parfaitement chauffée et peut-être même les pousser dans la direction du suivi. Nous suggérons de le donner concernant 4-5 jours ouvrables avant de licencier le conforme.

6. Objet : Comme promis, vous trouverez ici de nombreuses informations concernant [nom de l'entreprise] Bonjour [nom], je tiens à vous

remercier d'avoir pris le temps de m'écouter le [JOUR], car je suis très enthousiaste quant au potentiel de ce partenariat.

Vous avez mentionné que vous auriez certainement besoin de consulter [un particulier] avant de faire votre choix. Je suis très enthousiaste à l'idée de savoir ce qu'ils ont pensé de ma proposition.

Y a-t-il une place sur votre agenda que je pourrais déclarer pour parler de la manière dont nous pouvons faire avancer cet accord ?

[Signature] Cas d'utilisation : Salon professionnel, occasion de mise en réseau ou séminaire

Ils vous ont confié leurs informations d'appel et ont également montré un taux d'intérêt. Ce courriel de suivi peut donc être très facile à rédiger, mais il est tout aussi simple d'obtenir un faux. C'est une excellente occasion de leur offrir plus d'informations et un historique sur votre produit ou solution.

7. Objet : Voici les détails concernant [nom de l'entreprise] que vous souhaitiez

Bonjour [Nom],

Quel beau programme. Je suis sûr que l'amélioration de votre objectif n'est que l'une des principales priorités de votre entreprise, et j'ai donc pensé qu'il serait formidable de vous contacter plus rapidement plutôt que plus tard.

Si vous souhaitez obtenir des informations supplémentaires à ce sujet, je serais certainement plus que satisfait d'avoir une conversation rapide au téléphone.

Si vous avez des questions ou si vous souhaitez avoir une conversation plus approfondie, permettez-moi de comprendre. Je suis préparé et j'attends aussi.

[Signature] Situation d'utilisation : Immédiatement après avoir laissé un message vocal

La messagerie vocale et le courrier électronique vont ensemble comme le bacon et les œufs. Envoyez le courrier électronique dans les minutes qui suivent le départ de la boîte vocale pour créer le plein effet de ce double acte traditionnel.

8. Objet [Je viens d'essayer de vous appeler] Salut [Nom] J'ai simplement essayé de vous appeler mais je pense que vous êtes agité. Je sais comment ça se passe.

Veuillez me rappeler le [numéro] ou me faire savoir quand il serait certainement pratique de vous offrir à nouveau une bague.

Je suis impatient d'entendre vos réponses.

Situation d'utilisation : Erreur d'identité

Souvent, trouver la personne idéale avec qui parler est la moitié de la bataille. Il peut être utile d'envoyer l'adhésion si vous avez envoyé un e-mail entièrement froid après avoir trouvé les informations d'appel d'un prospect en ligne. Ils affirmeront généralement qu'ils sont en effet la meilleure personne, ou au moins vous orienteront vers la personne avec laquelle vous devriez parler.

9. Objet : J'espère que vous êtes en mesure de me mettre au clair

Bonjour [nom] Je vous ai envoyé un e-mail il y a quelques jours à propos de [entreprise ou article] et ce n'est que plus tard que j'ai eu l'impression de me tromper d'arbre.

Mon entreprise offre [un produit ou un service] qui, je pense, conviendrait certainement parfaitement à [l'entreprise] Êtes-vous la personne idéale à qui parler à ce sujet ? Sinon, pourriez-vous m'aider à trouver le décideur pertinent ?

J'attends de vous que vous agissiez

[Signature] Situation d'utilisation : Suivi du suivi

C'est là qu'il devient délicat et fascinant. Lorsque vous suivez un courrier resté sans réponse (ou plusieurs d'entre eux), il est très simple de commencer à sembler désespéré ou pleurnicheur. C'est là que votre travail de préparation et votre préparation porteront leurs fruits. Gardez à l'esprit que lorsque nous avons discuté précédemment de ce point particulier, vous aviez besoin d'établir des éléments d'information intrigants que vous pouviez faire passer au goutte-à-goutte aux pistes ? Le moment est venu de les sortir de l'entrepôt et de les relâcher aussi.

10. Objet : Si vous souhaitez en savoir plus sur [nom de l'entreprise], je vous prie de bien vouloir me le signaler. Je serais heureux de passer 30 minutes à vous dire chaque petite chose que vous devez comprendre.

J'attends votre réaction.

Il y a beaucoup à apprendre des campagnes de réseau sociaux réussies. Donnez à votre possibilité quelque chose qu'ils peuvent montrer à leurs collègues ou à leur personnel.

11. Objet : Un cadeau pour vous et votre entreprise

Bonjour [Nom],

Je sais à quel point vous devez être actif pour gérer votre équipe et l'aider à améliorer [la fonction]. Je vous ai envoyé des informations sur [le produit ou le service] un peu plus tôt et j'ai également pensé que ce serait le moment idéal pour vous faire une démonstration pratique. J'ai créé/joint quelques identifiants de visiteurs/échantillons gratuits/bons que vous pouvez utiliser pour accéder/échantillonner [des services ou des produits]. N'hésitez pas à les partager avec votre personnel et vos collègues. Je serais très intéressé de savoir ce qu'ils en pensent.

J'aimerais vraiment avoir 30 minutes de votre temps, car je pense que nous pouvons vraiment vous aider à [situer les procédures].

Peut-on prévoir une convocation ou une réunion ?

[Marque déposée]

12. Objet : Vous avez toujours l'intention d'entrer en contact avec vous

Salut [Call],

Je suis désolé que nous n'ayons pas pu établir de lien. La dernière fois que nous avons parlé, vous sembliez très préoccupé par [l'objectif du produit ou du service].

Je comprends que vous êtes probablement très occupé, donc je suis plus qu'heureux de vous téléphoner à tout moment, même si c'est en dehors des heures de bureau ou le week-end, si cela peut vous simplifier la vie.

Je n'ai pas l'intention de vous importuner, mais j'apprécierais certainement que vous me donniez un signe de votre décision.

Merci d'avance

Si vous faites de la publicité pour un contenu quelconque, comme un blog ou une publication, vous avez une excellente raison d'envoyer un courriel de suivi.

13. Objet : [10 méthodes Pipedrive améliore vos résultats] Bonjour [Appel] Lors de notre dernière rencontre, il m'est apparu clairement que vous étiez très intéressé par [sujet du site du blog].

Lorsque j'ai vu que notre groupe de rédaction avait rassemblé [nom du blog ou de l'article court plus lien hypertexte], j'ai rapidement pensé que vous prendriez plaisir à le consulter.

J'aimerais vraiment entendre vos idées à ce sujet et discuter de la manière dont nous pouvons vous aider à atteindre [l'objectif].

Pourrais-je vous fournir un appel téléphonique pendant une longue période ? Quand serait-il opportun de le faire ?

Bien à vous

[Signature] Situation individuelle : La fin amère

Parfois, la meilleure façon d'obtenir une réaction est de mettre en danger la fin du partenariat. Au pire, ce courriel vous permet de faire un bon nettoyage de votre tuyau et de faire des affaires qui n'ont tout simplement pas lieu. Dans certains cas, il est bien préférable de se défaire d'un accord que de continuer à fouetter un cheval mort. En ce moment, vous avez en outre très peu à perdre, donc il n'y a pas de mal à être un peu impertinent tant que vous le respectez.

14. Objet : On se sent vraiment seul ici

Bonjour [Call] J'ai essayé de vous contacter à plusieurs reprises au cours des derniers mois sans succès, ce qui me laisse supposer :

Vous n'êtes pas intéressé. C'est juste, je ne le prendrai pas personnellement.

Le moment est mal choisi. C'est ce qui se passe. Je serai heureux de vous recontacter dans quelques semaines ou quelques mois, bien que les années puissent être aussi longues.

Vous avez été enlevé par des étrangers : faites-leur savoir que je suis heureux de me retrouver avec eux et dites-leur également où me trouver.

Je ne vous rappellerai pas, mais vous pouvez conserver mes informations sur les données si vous en avez besoin [solution].

Le traditionnel courriel "Good Housekeeping" est un appel et vous donne une bonne raison de prendre contact avec lui.

15. Objet : Puis-je fermer vos données ?

Bonjour [Nom] Mon employeur m'a demandé de retirer mon tuyau de vente et j'ai pensé qu'il serait certainement de bon ton de vous laisser reconnaître que votre nom figure sur ma liste de retrait.

Si vous n'êtes pas intéressé, ai-je votre autorisation pour fermer vos données ?

Si vous êtes toujours intéressé, que proposez-vous comme prochaine action ?

Merci pour votre aide.

Signature

Comment exactement créer des processus de suivi améliorant la réaction

Avant d'écrire un courriel solitaire, vous devrez mettre au point un processus de suivi à toute épreuve (ou resserrer les mesures de relâchement dans votre courriel existant).

Commençons par couvrir les 4 étapes nécessaires à votre processus de suivi. Ensuite, nous nous pencherons sur les gaffes à éviter, ainsi que sur les méthodes permettant de maximiser votre procédure.

Comment le suivi s'intègre dans votre système de vente

Selon Robert Clay de Marketing Wizdom, seuls 2% des pistes se ferment après la première rencontre.

L'objectif de votre présentation préliminaire est de poser les bases et d'entamer le processus d'exploration. Cela suggère de comprendre que le processus d'achat comporte d'autres éléments, ainsi que la manière exacte dont ils choisissent.

De même, même si vous obtenez un "non" catégorique, la partie n'est pas encore terminée.

Pourquoi cette question ? C'est simple : les moyens de suivi dépendront du stade du circuit de vente où se trouve votre possibilité.

Votre pipeline de ventes a besoin d'une série de suivi à chaque phase. En général, ces derniers peuvent être décomposés en plusieurs étapes :

Acquisition de plomb : Lorsqu'une piste remplit initialement un type ou prend la première activité pour commencer un partenariat avec vous. Ci-dessous, vous devez réagir rapidement pour frapper pendant que leur motivation est à vif. Ici, vous devrez assurer un suivi si une consultation ou des actions de suivi ne sont pas confirmées.

Établir des priorités : Votre message de suivi dépendra certainement des détails que vous avez la possibilité de transmettre, ainsi que de tout type d'activités qu'ils entreprennent. Vous voudrez être le chef de file en appelant à l'action ceux qui voient vos prix et en présentant plusieurs fois vos pages.

Les discussions commencent : La façon dont vous entamerez la relation dépendra certainement de nombreux éléments. Un fabricant de décision âgé aura certainement besoin d'une compréhension beaucoup plus calculée, tandis que des fonctions "tactiques" supplémentaires méritent des spécifications techniques. Adaptez votre message de suivi en fonction de votre interlocuteur.

Chance Progression : Après la conversation initiale, vous voudrez programmer une présentation ou un pitch. A partir de là, vous pouvez organiser un deuxième appel téléphonique ou une conférence pour examiner tout type d'arguments et comprendre les délais. Vous devrez faire passer le prospect d'une étape à une autre, ce qui nécessite souvent un suivi.

N'hésitez pas à demander à vos prospects de vous aider à définir la prochaine étape. Vous pouvez même aller jusqu'à leur demander exactement comment ils aimeraient être suivis.

Bien qu'elles puissent être difficiles à verrouiller dans certains cas, vous devez constamment avoir l'intention de mettre fin à l'appel en indiquant clairement l'étape suivante. Faites-le à la fin d'une réunion ou d'une téléconférence, car vous pourrez comparer les routines à ce moment-là et par la suite.

Cela donne un facteur fantastique pour envoyer un courriel de suivi immédiatement après l'appel téléphonique. Il vous maintient en tête des prospects (et aussi de la boîte de réception) jusqu'à votre prochain appel téléphonique.

En reconnaissant la place du suivi dans votre pipeline de vente, il est temps de parler de l'un des éléments les plus critiques : le timing.

Quand envoyer vos messages de suivi

Les grands e-mails de suivi comptent sur le timing. Comprendre le temps d'attente, l'heure et les jours de la semaine pour envoyer vos courriels de suivi vous aidera à créer un taux de réponse plus généreux.

Vous trouverez ci-dessous les différents types de courriels de suivi que vous devriez utiliser (et quand les envoyer) :.

Après le lancement : Envoyez un suivi un à deux jours après votre discussion préliminaire. Profitez-en pour examiner leurs points douloureux, les remercier pour leur temps et leur demander de passer à l'action pour les étapes suivantes.

Examen avec le(s) fabricant(s) de la décision : Si d'autres parties prenantes sont associées au processus d'acquisition, le cycle de vente peut prendre un peu plus de temps. Envoyez un courriel quatre à cinq jours après le terrain (vous devrez vous renseigner sur la procédure d'achat tout au long de cet appel téléphonique) pour leur laisser suffisamment de temps pour parler au reste de l'équipe.

Suivi des messages sans réponse : vous devez prévoir une séquence de suivi pour les cas où vos messages électroniques restent sans réponse. Ci-dessous, vous pouvez fournir des sources supplémentaires, demander si elles sont toujours intéressées ou quelle est la meilleure méthode pour aller de l'avant.

La séparation : Si vous ne recevez toujours pas de réponse à vos courriels de suivi, la dernière chose à faire est de dissimuler les choses. Vous pouvez soit leur dire que vous fermez leurs documents, soit vous en servir comme d'un dernier effort pour trouver un meilleur moment pour parler.

Le jour et le moment idéaux pour envoyer des courriers électroniques de suivi dépendront certainement du marché et de l'industrie. Le lieu le plus efficace pour chercher ? Votre propre CRM.

Regardez quels e-mails génèrent les prix de réaction les plus efficaces. Analysez les jours de la semaine et l'heure de leur envoi. Utilisez-le pour préparer le calendrier de votre processus de suivi.

Cette zone vous révèlera certainement tous les modèles de courrier électronique et aussi les échantillons dont vous avez besoin pour chacune des circonstances ci-dessus.

Cinq gaffes de suivi à éviter

En établissant simplement un processus de suivi constant, vous êtes actuellement bien en avance.

Mais il y a un certain nombre de problèmes que vous devez éviter si vous voulez éviter les divisions habituelles par lesquelles vos pistes peuvent se faufiler.

Parmi toutes les erreurs de suivi que font les vendeurs, voici les cinq qui ont tendance à écarter les équipes de vente :

Pas de suivi rapide : De nombreux leaders d'opinion pensent que vous devez suivre les pistes 5 minutes après avoir envoyé une question. Ce n'est pas réaliste, car vous n'êtes pas assis au téléphone toute la journée et vous pourriez servir un marché cible mondial. Il est important de s'y conformer rapidement. Plus vous les laissez longtemps, moins vous avez de chances d'obtenir une réaction. Mettez en place des systèmes pour garantir que vous réagissez le plus rapidement possible.

Ne pas se concentrer sur l'entreprise : Beaucoup de vendeurs font l'erreur de mettre toute leur énergie dans la perspective. Vous devez vous impliquer avec de nombreuses personnes si vous faites une offre directe dans de grandes entreprises. Il faut toujours trouver le plus d'informations possible sur les autres parties prenantes et sur la procédure d'achat afin de pouvoir choisir le bon fabricant.

Le suivi n'est généralement pas adéquat : Une recherche de Velocify a découvert que 93% des pistes converties sont obtenues à la sixième tentative. Lorsque le partenariat a commencé, assurez-vous que vous en faites un suivi suffisant. Vous découvrirez comment faire en ajoutant de la valeur plus loin dans ce guide.

Ne pas utiliser les canaux préférés : A titre anecdotique, dans 90% des cas, les prospects auront certainement l'intention de vous contacter par e-mail. Pourtant, certains pourraient choisir un appel ou une autre forme d'interaction. S'ils souhaitent certainement recevoir un appel téléphonique par courrier électronique, demandez à quelle heure il est préférable de les joindre.

Ne pas suivre vos mesures : Si vous ne mesurez pas vos performances de vente, vous ne saurez pas si ce que vous faites fonctionne. Utilisez un CRM pour déterminer le prix d'ouverture et aussi de retour de chacun de vos e-mails pour voir comment chaque e-mail de suivi se comporte.

Examinez votre procédure de vente actuelle. Faites attention à l'un de ceux qui se conforment aux règles. Élaborez une stratégie pour les réparer et les déployer, en veillant à former vos vendeurs si nécessaire.

Maximiser vos e-mails de suivi pour améliorer les taux de réponse

Avant de passer aux modèles de conception, voyons comment vous pouvez améliorer encore plus votre processus de suivi.

En optimisant votre procédure de vente de cette manière, vous avez plus de chances d'obtenir un prix de réponse plus généreux (et donc des conversions) grâce à vos efforts de suivi.

Commencez par la valeur : Dès qu'un plomb tout neuf entre dans votre tuyau, il peut être tentant de sauter directement dans le terrain. Il faut plutôt ajouter autant de valeur que possible dès le départ. Les nouvelles pistes ne vous feront probablement pas confiance au départ, et en les orientant et en imitant un expert, vous aurez plus de chances de faire le compte sur les éléments essentiels à la conclusion de l'affaire.

Utilisez des données ainsi que des idées : Soutenez chaque petite chose que vous revendiquez avec des données de tiers et aussi des anecdotes de leaders présumés de l'industrie. Vous devriez également utiliser des témoignages et des études de cas, en présentant les résultats que vous avez obtenus pour des clients qui leur ressemblent beaucoup.

Empêcher l'automatisation : L'automatisation peut être un outil efficace pour simplifier des procédures spécifiques. Toutefois, lorsqu'il s'agit de suivi, il faut être le plus personnalisé possible. Comme vous le verrez à partir des thèmes et des exemples ci-dessous, la plupart d'entre eux nécessitent que vous reconnaissiez l'activité de votre possibilité. Vous ne pouvez pas obtenir cela dans une séquence automatisée et chronométrée.

Continuez à les faire revenir : Selon la complexité de votre offre, il vous faudra plus d'un appel ou d'une conférence pour conclure l'affaire. Cela est particulièrement vrai si l'entreprise compte plusieurs parties prenantes. Veillez à maintenir la conversation ouverte et à passer à l'étape suivante aussi rapidement que possible.

Incluez votre individualité : Les gens travaillent avec des personnes qu'ils aiment ou qu'ils considèrent comme telles. Vous devez être constamment seul tout au long du processus de vente, mais surtout tout au long de votre suivi Même si vous vous polarisez, de nombreux décideurs de haut niveau vous apprécieront pour avoir tenu tête à vos propres convictions.

Vous découvrirez une chose que toutes ces mises en page ont en commun : elles ne sont pas longues.

Vos perspectives sont très probablement mouvementées et l'humanité veut que tout individu qui ouvre un courriel et identifie un mur de messages ait de fortes chances de le fermer presque immédiatement. Ils se préparent à le lire plus tard si vous avez de la chance et s'ils sont vraiment intéressés.

Néanmoins, ils ne la regarderont certainement plus jamais. Précisez, ainsi que le lien ou l'apposition de tout élément d'information important que vous souhaitez envoyer.

Naturellement, ce n'est qu'un facteur de départ. Vous devrez adapter ces modèles de conception à vos clients et au marché, mais ils devraient vous permettre d'augmenter le taux de retour d'information sur vos suivis.

Élaborez votre liste de contrôle des courriels et restez en contact avec vos clients.

La création d'une liste de diffusion par courrier électronique est l'un des meilleurs points que vous puissiez faire pour votre entreprise. Je vais vous épargner la queue en considérant que j'ai tout créé sur les raisons pour lesquelles ils sont exceptionnels ici même, cependant si vous êtes un entrepreneur, je vous recommande vivement de créer une liste de contrôle par e-mail. L'élaboration d'une liste de contrôle vous permet de rester en contact avec vos clients d'une manière que rien d'autre ne peut faire. Tout le monde n'examinera pas votre compte ou votre site web de réseau sociaux tous les jours, mais il est fort probable qu'ils vérifieront leurs e-mails, indiquant que vous pouvez "chatter" avec vos clients potentiels ainsi qu'avec vos abonnés à peu près à tout moment, comme par exemple. C'est fantastique pour partager des offres à durée limitée et aussi pour promouvoir votre entreprise.

Votre liste d'adresses électroniques ainsi que votre bulletin d'information électronique sont également une merveilleuse méthode pour maintenir votre entreprise au premier plan des préoccupations des gens. Ils se souviendront de vous la fois suivante où ils devront employer une personne qui fait ce que vous faites si vous vous démarquez dans leur boîte de réception chaque semaine avec des idées et des conseils précieux.

Blog des visiteurs sur divers autres sites web.

Le blogage des visiteurs vous permet de partager vos compétences avec le public d'un autre pays, ce qui, avec un peu de chance, attirera plus de visiteurs sur votre site web et les intéressera à vos services. Découvrez un propriétaire de blog dont le public s'intéresserait à vos solutions et envoyez-lui un e-mail pour savoir s'il vous autorise à visiter son blog.

Grâce à cette méthode, vous n'avez pas besoin de traiter votre message d'invité comme une publicité. Soyez simplement authentique, extrêmement utile, et composez en pensant à votre excellent marché cible. Votre message doit renvoyer à votre site web et, de préférence, consistera certainement en une biographie de l'auteur qui expose vos solutions.

Augmentez votre référencement.

Cela me surprend encore aujourd'hui que la plupart de mes anciens clients m'aient découvert via Google. Je veux dire qu'il y a beaucoup de développeurs dans le monde - comment Google les a-t-il menés à moi ? Vous pensez peut-être qu'il serait certainement difficile d'obtenir des clients des moteurs de recherche pour la même raison que moi, mais si vous vous efforcez d'optimiser votre référencement, après cela, c'est tout à fait possible ! Sélectionnez quelques phrases de recherche qui expliquent votre service (obtenez des précisions).

Concentrez votre service sur un public de détail.

Il est difficile de faire pousser quoi que ce soit quand on se vend dans le monde entier. Vous développerez votre entreprise beaucoup plus rapidement et pourrez également facturer encore plus vos services si vous vous concentrez sur un domaine ou un créneau particulier. Si vous êtes un concepteur de visuels, vous êtes peut-être LE développeur de visuels pour des services faits à la main. Ou si vous êtes avocat, vous pourriez vous présenter comme le TROISième avocat des propriétaires d'entreprises imaginatifs.

Se concentrer sur un certain public dépend de certaines constructions. Après cela, ils sont beaucoup plus susceptibles de vous confier un fonds que vous connaissez et que vous comprenez leurs exigences lorsque les gens voient que vous vous spécialisez dans ces domaines.

Organisez un webinaire.

Enfin, les webinaires peuvent être une méthode incroyable pour attirer de nouveaux clients. Un webinaire est un "atelier" vidéo en temps réel et en streaming où vous montrez ou partagez des conseils sur quelque chose (concernant votre entreprise ou votre article) et où vous pouvez faire un Q+A avec les participants. Les webinaires ont tendance à avoir des prix de conversion comparativement élevés parce qu'ils vous offrent la possibilité d'entrer en contact avec votre marché cible, de répondre à ses préoccupations et aussi de partager votre immense expertise sur un sujet particulier.

Leçons en matière de service à la clientèle que toute entreprise doit apprendre

Le service clientèle de votre petite entreprise pourrait faire fuir les clients. Comment pouvez-vous comprendre si vous fournissez le degré de service que les clients attendent ?

Dans son rapport 2016 sur l'état du service clientèle mondial, Microsoft a interrogé les consommateurs pour savoir ce qu'ils souhaitent, ce qu'ils obtiennent et ce qu'ils n'obtiennent pas du service clientèle. Voici ce qu'ils ont déclaré, ainsi que cinq cadeaux à emporter pour votre entreprise.

Qu'est-ce qui fait une bonne expérience d'assistance à la clientèle ?

Les clients veulent que leurs problèmes soient résolus de manière pratique et que les agents qui les gèrent comprennent ce qu'ils font. En particulier, lorsqu'on leur demande quel est l'un des aspects les plus essentiels d'une expérience satisfaisante en matière de service à la clientèle, ils répondent

- Ne pas avoir besoin de me reproduire/ne pas être transmis à un représentant supplémentaire - 32%.
- Un représentant du service clientèle amical et éduqué - 28%.
- Résoudre un problème dès le premier contact avec... 24%.
- Qu'est-ce qui rend les clients malheureux avec une expérience de solution client ?
- Lorsqu'on leur demande quelle est l'une des facettes les plus frustrantes d'une expérience de service inadéquate, les participants répondent :.
- Ne pas avoir la possibilité de joindre une personne en temps réel pour obtenir de l'aide - 36%.
- Un représentant du service clientèle n'ayant pas la compréhension ou la capacité de résoudre mon problème - 25%.
- Ne pas pouvoir résoudre mon problème ou trouver les détails dont j'ai besoin sur l'internet - 20 %.
- Devoir répéter ou fournir mes informations au(x) représentant(s) -- 18%.

Plus les clients sont âgés, plus ils sont irrités de ne pas pouvoir trouver une personne en temps réel pour les aider. Trente-huit pour cent des personnes de plus de 55 ans déclarent que c'est irritant, contre seulement 23% des personnes âgées de 18 à 34 ans. En revanche, les clients plus jeunes sont plus intéressés par la découverte d'informations et de réponses en ligne ; 35 % d'entre eux déclarent que l'aspect le plus aggravant d'une mauvaise expérience de service au client est de ne pas pouvoir trouver ou résoudre les informations dont ils ont besoin en ligne.

Quels sont les canaux que les personnes choisissent d'utiliser pour obtenir de l'aide ?

Le courrier électronique est la méthode préférée pour obtenir une aide au service à la clientèle pour les personnes âgées de 18 à 34 ans, tandis que le téléphone est le deuxième réseau le plus populaire. Ne croyez pas que les consommateurs âgés n'utilisent pas les canaux numériques pour obtenir de l'aide. Même parmi les personnes âgées de 55 ans et plus, près de la moitié (46 %) vont en ligne pour trouver une solution.

Quelles leçons pouvez-vous en tirer ?

En voici 5 :.

1. Proposer une sélection d'options pour obtenir une aide.

Les clients veulent "faire ce qu'ils veulent", que ce soit en vous appelant, en vous envoyant des courriels ou en utilisant une conversation en temps réel. Plus vous proposez d'alternatives, plus vous avez de chances de rendre les gens heureux.

2. Offrir aux clients le choix de s'aider eux-mêmes.

Beaucoup de gens aiment aller sur Internet, soit sur le site de l'entreprise, soit sur une recherche générale sur Internet, pour obtenir des réponses à leurs préoccupations. Activez cette stratégie de libre-service en conservant les réponses aux questions fréquemment posées (FAQ) sur votre site. Tenez-les à jour. Si votre service ou votre produit est complexe, envisagez d'ajouter des vidéos ou des tutoriels en ligne pour aider les clients à apprendre à l'utiliser.

3. Mener des conversations en ligne en temps réel.

Beaucoup de gens préféreraient communiquer rapidement avec un représentant de la solution client en utilisant le chat plutôt que d'attendre en attente. Si votre option de service aux consommateurs actuelle vous offre cette possibilité, examinez les widgets de chat que vous pouvez ajouter à votre site ou voir.

4. Ne faites pas attendre les clients.

En parlant d'attente en attente, l'étude de Microsoft indique que la majorité des clients de tous âges ne sont pas prêts à attendre plus de 5 minutes en attente. Choisissez un système d'interaction qui vous permette de faire la queue des clients en fonction de leurs préoccupations et de les diriger rapidement vers un représentant du service clientèle facilement accessible.

5. Lorsque les clients vous disent ce qu'ils ressentent, écoutez-les.

De nombreux problèmes de service à la clientèle pourraient être évités si les entrepreneurs prêtaient davantage attention au point de vue des clients. Près de cinquante pour cent des participants à l'étude sont âgés de

18 à 54 ans, et plus de la moitié des 55 ans et plus pensent que les marques ne réagissent pas aux commentaires des consommateurs. Si vous n'écoutez pas ce que les clients disent avec leur bouche, ils commenceront à parler avec leur portefeuille en se dirigeant vers vos concurrents.

CONCLUSION

Générer constamment de nouvelles tâches prospectives à chaque cycle de croissance de votre organisation est la compétence la plus efficace que vous puissiez trouver en tant qu'entrepreneur de solutions.

Être innovant et offrir une valeur ajoutée aux individus

Il existe de nombreuses autres façons d'obtenir votre premier consommateur, et, à vrai dire, il est fort probable qu'il dépende du type de solutions que vous proposez.

Programmez, offrez tant de valeur que les gens ne peuvent pas vous oublier, ainsi que le suivi. 95% des gens ne font pas de suivi, ce qui vous oblige à maintenir cette relation.

La majorité d'entre elles consistent à atteindre et à satisfaire des personnes inconnues. Les recommandations sont incroyablement puissantes, alors assurez-vous d'épuiser votre liste de contacts individuels ainsi que de vous adresser à de nouvelles personnes.

www.ingramcontent.com/pod-product-compliance
Lightning Source LLC
Chambersburg PA
CBHW030606220526
45463CB00004B/1188